TABLEAUX
DE
LA BONNE COMPAGNIE
DE VERSAILLES
ET
DE PARIS;
OU

Traits caractéristiques, Anecdotes secretes, Politiques, Morales & Littéraires, recueillies dans les Sociétés du bon ton, pendant les Années 1786 & 1787.

Par M. le Ch. DE B***.

TOME SECOND.

A PARIS,
Chez tous les MARCHANDS de NOUVEAUTÉS.

M. DCC. LXXXVII.

LES PRÉCAUTIONS.

Il faut l'avouer; les maux de la marquiſe D*** ne ſont pas tout à fait imaginaires ; ſes inquiétudes ſont fondées. Tout étoit bien en ſortant des mains de la nature ; l'homme a tout gâté. Il a voulu changer les formes heureuſes, l'admirable méchaniſme qui rendoient ſimples & faciles les fonctions auxquelles il étoit deſtiné ; l'abus des dons qui devoient conſerver & embellir l'exiſtence, a accumulé les difficultés & les dangers qui l'entourent maintenant. Enfin l'opération pour laquelle la nature ſemble avoir épuiſé tous les moyens, exige, dans l'état de ſociété, une infinité de *précautions*, pour que rien ne la trouble & ne la dérange.

La marquiſe & toutes les femmes de cette claſſe multiplient étrangement ces précautions. Depuis deux mois qu'elle s'eſt apperçue de ſon état tant déſiré & tant redouté elle ſemble avoir perdu la façulté de ſe mouvoir. On diroit qu'un précipice eſt toujours ouvert devant ſes pas. Pendant cette période d'alarmes continuelles, on ſe rappelle des devoirs ſouvent négligés ; tous les jours, quand le ſoleil eſt à la moitié de ſon cours, une chaiſe à porteurs, ſoutenue par des hommes d'une prudence reconnue tranſporte madame la marquiſe à l'égliſe des *petits-Peres*. On ſait que c'eſt un *rendez-vous* où l'envie de voir & d'être vu tient ſouvent lieu d'une ferveur qui s'eſt prodigieuſement refroidie dans ce ſiecle.

Ce matin la marquiſe ſe rendoit maritalement à cette ſainte aſſemblée, lorſque je me préſentai pour lui faire ma cour. Je l'accompagnai. Un *prie-dieu* recouvert d'un riche tapis de velour brodé en or étoit préparé dans le temple pour la recevoir. Des couſſins de duvet bordés de franges d'or la précédoient pour adoucir l'auſterité de ſes génuflexions, & d'énormes volumes revêtus de velours cramoiſi aſſorti à tout l'appareil, receloient dans un immenſe ſac entouré d'un large galon, la dévotion qu'elle alloit déployer. Un étranger en conſidérant ce ſomptueux cortege, auroit pu le prendre pour celui du pontife qui alloit célébrer d'auguſtes myſteres. J'entendis de bonnes gens à l'entrée de l'égliſe murmurer qu'il étoit bien commode de *faire ainſi ſon ſalut en pantouſles*.

Au retour la marquiſe excédée de cette courſe fatiguante ſe retira dans ſon boudoir, & je me trouvai ſeul avec le marquis. Il me parut s'être occupé, pendant la cérémonie, de réflexions un peu trop philoſophiques. Juſqu'à quand, me dit-il, différerons-nous de ſuivre l'exemple de Joſeph *le ſage*, au ſujet de cette foule d'êtres inutiles qui, nageant dans l'abondance, se rient de la misere des peuples, & qui ne connoissent point de besoins, pas même ceux de l'état qui les protege ou qui les tolere ! Il y a, mon cher chevalier, tel couvent où les religieux ont près de vingt mille livres à dépenser par tête. On connoît l'origine primordiale de cette excessive abondance ; mais on n'est pas aussi généralement instruit des ressorts que la piété de ces saints solitaires a souvent fait jouer, pour envahir des successions immenses au préjudice des héritiers légitimes. Il est vrai que, dans les derniers tems, les tribunaux & le conseil même ont cassé plusieurs testamens de cette nature, quoiqu'ils fussent revêtus des formalités requises, mais pourquoi négliger le meilleur des remedes, l'extirpation du mal même, lorsqu'il est aussi facile ?

Je sais, continua le marquis, que plusieurs ministres ont tenté vainement cette grande aventure. D'autres hésitant à mettre la main à l'encensoir, ont voulu engager l'église elle-même à anéantir cette classe de gens de main-morte qui minent insensiblement les forces de l'état, & finiroient par tout engloutir, si on ne les forçoit de rendre à la société des richesses que le fanatisme a enlevées à la circulation & que l'intrigue a accumulées & conservées aux usurpateurs. Je ne voudrois point que l'on portât atteinte au corps sacerdotal. L'esprit d'irreligion fait tous les jours de nouveaux progrès ; je regarde la religion comme un frein salutaire. Il lui faut des ministres & des défenseurs. D'ailleurs il importe à la noblesse, dont tous les individus ne peuvent entrer au service, qu'il existe un état honnête qui puisse aller de pair avec l'épée. On aura toujours en France beaucoup de considération pour le clergé en corps, telle que soit l'idée qu'on se forme de chacun des membres qui le composent. Il n'en est pas ainsi de cette foule de moines répandus sur la surface de cet empire. Combien de bras oisifs & de trésors dont la circulation bien dirigée tourneroit au profit de familles utiles, du commerce & de l'industrie ! Je n'ignore rien de ce qu'alleguent les défenseurs des moines. En géneral, représentent-ils, leurs terres sont bien cultivées & d'un très-grand rapport. Le fermier y jouit d'une aisance remarquable. Des propriétaires dissipateurs & pressés de jouir ruinent souvent le cultivateur & le sol en en exigeant un tribut précoce. Mais c'est un avantage que la république paye bien cherement.

M. le marquis, interrompis-je, que voulez-vous donc que l'on fasse. C'est une recette que l'on demande au médecin & non de vaines déclamations.

Le marquis aime à disserter; il veut qu'on l'écoute. Dans l'instant, reprit-il, je vous dirai comment j'envisage cette réforme nécefſaire. On diſtingue dans la claſſe des réguliers, les maiſons dotées & les mendians. Ceux-ci en apparence ne ſont point à charge à l'état, & cependant ils en tirent leur ſubſiſtance, ſans rendre aucun ſervice à la ſociété. Ces moines & la loterie ſont un impôt perpétuel qui produit beaucoup plus qu'on ne penſe. Les petites gens ſur-tout ſe ruinent également pour ſubvenir aux beſoins de ces pieux fainéans qui leur font voir les cieux ouverts, & pour courir la chance d'un bonheur chimérique. Les domeſtiques ne ſont pas les moins empreſſés pour ſe ſoumettre à cet impôt. S'ils ſont charitables ou prodigues, c'eſt aux dépens de leurs maîtres. En remontant à la ſource chacun fournit ſa part à ces contributions.

Les moines dotés ont pour la plupart de gros revenus; ils ſont preſque tous hauts, moyens ou bas-juſticiers; mais les mendians même occupent des emplacemens conſidérables. Relégués autrefois à l'extrêmité des villes, ils en occupent maintenant les plus beaux quartiers. Croirez-vous que l'on a offert trois millions du terrein & des bâtimens qu'occupent les capucins de la rue S. *Honoré*, & ce ne ſont pas encore les mieux logés de leur eſpece. Jugez du produit immenſe de ces maiſons, lorſqu'on en aura chaſſé toute la vermine.

En aſſignant à chaque individu une rente annuelle de 800 livres, il y auroit de quoi le faire subsister. Il s'agiroit d'obtenir du pape leur sécularisation, pour faire taire les réclamations du clergé : voilà d'un coup de filet des millions qui rentrent dans les coffres de l'état.....

Dieu sait où nous auroit mené la dissertation du marquis, si le docteur & la marquise n'étoient venus nous interrompre. Les traces de la sérieuse sortie du matin étoient entiérement effacées. Ecoutez, nous dit la marquise en riant, une plaisante histoire que l'on a mandée de Londres au docteur. Une dame qui se promenoit seule dans le voisinage d'Issington, apperçut deux hommes qui sembloient s'attacher à ses pas avec des intentions suspectes. Un troisieme dont la phisionomie n'étoit pas de meilleur augure, la considéroit d'un sentier voisin. Elle s'arma de fermeté & dit à celui ci : *M., vous avez l'air d'un honnête homme, la mine de ces deux drôles qui sont derriere moi, ne me plaît point ; je crois qu'ils ont le dessein de me voler ; voulez-vous me prendre sous votre protection ? — Très-volontiers, madame,* répliqua l'homme, *prenez mon bras & je vous accompagnerai jusqu'à ce que vous soyez hors de danger ; je vais faire flotter mon mouchoir, & ces deux hommes qui vous ont alarmée se retireront sur le champ. Ce sont mes camarades, nous avions en effet formé le projet de vous voler, mais lorsqu'on place sa confiance en moi, je ne suis pas assez malhonnête pour la trahir.* Le voleur accompagna en effet la dame jusqu'à sa maison. Elle lui offrit une récompense, mais il la refusa en disant qu'il avoit trop *d'honneur* pour *ravaler* ainsi son caractere au niveau de celui des gens de loi. *Que les gens de robe*, ajouta-t-il fierement, *reçoivent des honoraires ; pour moi, je me croirois indigne de la confiance que vous m'avez montrée si je vous faisois payer le service que je vous ai rendu.*

— En vérité, dit le marquis, voilà un voleur bien honnête & bien généreux. On ne trouveroit pas son semblable parmi les gens dont nous parlions tout-à l'heure..... docteur, je ne vous ai pas vu depuis long-tems ; j'ai cru qu'ennuyé des lenteurs des affaires de Hollande, vous étiez parti pour aller mettre le Stadhouder à la raison. Car enfin vous êtes étrangement compromis ; & ce plan de conciliation que vous nous aviez tant vanté, paroît encore fort éloigné du succès.

Le docteur. L'état d'un malade, M. le marquis, n'est jamais plus dangereux en apparence que pendant la crise qui précéde souvent le retour de la santé. Je ne me rétracte point. Le roi de Prusse ne s'est pas encore expliqué ; qu'il dise un mot, vous verrez le Stadhouder retourner à la Hayes.

La marquise. C'est mon avis. Mais expliquez-moi, docteur, un problême qui m'agite inexprimablement. L'empereur s'entend t-il avec la France ou avec le roi de Prusse pour ces projets dont vous m'avez annoncé la prochaine exécution, ou les deux cours impériales sont-elles toujours réunies contre les deux autres ?

Le docteur. Madame, je vous le répete ; les maisons d'Autriche & de Bourbon sont pour long-tems attachées l'une à l'autre par tous les liens qui ont quelque influence sur les déterminations des puissances. Des événemens auxquels on ne s'attend pas prouveront bientôt le peu de solidité des conjectures qui alimentent la curiosité du vulgaire les nouvellistes ressemblent en ce moment à des hommes qui voguant dans une frêle barque au milieu de flots tumultueux pendant l'obscurité de la nuit, sont poussés çà & là, par les vagues qui s'entrecroisent : ils décrivent mille courbes avant de toucher terre, & ils abordent quelquefois à une plage toute opposée à celle qu'ils avoient en vue.

Le marquis. Docteur, vous ne paroissez pas aujourd'hui bien sûr de votre navigation, & je crains que votre boussole ne se soit dérangée. On ne parle que de naufrages & vous pourriez éprouver ce malheur dans vos spéculations politiques.

Le docteur. A propos de naufrage, je viens de lire une lettre bien touchante de cet aimable M. *François de Neuchâteau* que ſes talens poëtiques avoient conduit au poſte de procureur général au conſeil ſupérieur de S. Domingue. J'en ai pris un extrait. Le voici.

» *Du Cap-Français le 15 ſeptembre 1787.*

» Le 3 de ce mois, je ſuis parti du Cap avec l'ivreſſe de la joie & la ſécurité la plus aveugle, ſur cette ſuperbe frégate, *le maréchal de Mouchy*, commandée par M. *de Grammont.* J'ai mis toute ma fortune ſur ce magnifique vaiſſeau, 8 à 9 autres paſſagers, un Eſpagnol entr'autres, riche de 300,000 livres ont imité ma confiance. Helas, dans la nuit du 4 au 5, le navire s'eſt perdu ſur les récifs. Un brave capitaine des Bermudes, nommé *Loyan* nous a reporté le 13, dans l'île de S. Domingue, après que nous avons ſouffert ſur l'île *Mogane* tout ce que peuvent réunir de maux & de fléaux, la famine, le vol & l'inſolence d'une troupe ſans frein, ſans reſſource & ſans chef. J'ai ſauvé ma vie, mais qui pourra me rendre mes effets, mes papiers, tous mes travaux, tous mes écrits, tout le fruit de ma vie perdu, diſperſé, enfermé, enfoui ou dans le ſein de l'océan, ou dans les mains déprédatrices de nos barbares compagnons? Je portois au miniſtre 3 portefeuilles remplis de mes réflexions, de mes expériences, de mes vues ſur la colonie. Je portois au public des ouvrages nouveaux. Je portois à ma femme, à ma famille, à ma patrie, des secours & des espérances dont je composois mon bonheur & qui embellissoient le reste de ma vie. Tout est évanoui......»

LE PETIT COUVERT.

Nous n'étions que quatre à table. Le marquis & la marquiſe, le docteur & moi. On venoit de placer le premier ſervice lorſque le commandeur arriva. — Sur mon honneur, s'écria-t-il en avançant ſa montre, je crois que ma chere niece donne à corps perdu dans la dévotion ! Dîner avant trois heures ! Madame veut apparemment aller à vêpres ? entendre le ſermon du pere Anſelme..... — Le vôtre m'en tiendra lieu, mon cher oncle, interrompit la marquiſe ; aſſeyez-vous près de moi. — Non, ma niece, reprit le peſant commandeur, il faut que vous entendiez le pere Anſelme : il vous dira qu'il faut transformer vos grands chapeaux, vos *patourelles* galantes, en coëffes bien amples qui vous enveloppent bien... Le chef de l'égliſe le veut ainſi. Ne ſavez-vous pas l'hiſtoire de cette dame anglaiſe à qui un ſaint miniſtre des autels a arraché le chapeau dans la baſilique de S. Pierre, & que le pape a approuvé ce zele charitable ?

Le marquis. Ajoutez que *Pie VI* a traité ce zele d'*indiſcrétion* & vénérez un des papes les plus modérés & les plus reſpectables qui ſe ſoient aſſis ſur la chaire de S. Pierre.

Le comm. Il eſt bien permis à Rome d'avoir un peu d'humeur ; les nouvelles que l'on y reçoit d'Allemagne ne ſont pas conſolantes. L'archevêque de *Treves* & celui de *Mayence* ont rendu dans leurs dioceſes des ordonnances à peu près ſemblables à celle de l'archevêque de *Cologne* au ſujet des prétentions du nonce.

Le docteur. Oui, & l'on aſſure que l'empereur a déclaré à la cour de Baviere que comme protecteur des libertés germaniques, il ne pourroit s'empêcher de s'oppoſer aux uſurpations dans leſquelles la cour de Rome eſſaye de ſe maintenir.

Le marquis. Il n'eſt donc pas vrai que le nonce de Munich a gagné ſa cauſe & que l'archevêque de Salzbourg n'a rien obtenu à Vienne.

Le chev. On vient de me dire que les évêques de Fulde & de Spire ſe ſont déclarés indépendans des archevêques, autant que ceux-ci prétendent l'être de la cour de Rome.

Le comm. Bravo. C'eſt une chaîne. Si elle s'étend aux curés, de ceux-ci aux vicaires, des vicaires aux paroiſſiens......

La marquiſe. Mon oncle, vous êtes ſinguliérement monté aujourd'hui. J'attendois de vous des nouvelles intéreſſantes. Par exemple parlez-moi de cette aſſemblée nationale que le roi vient de convoquer & qui fait tant de ſenſation dans le public.

Le comm. J'ai cru d'abord qu'il s'agiſſoit d'une conſultation de médecins ; mais j'ai appris qu'on y traiteroit de l'impôt territorial, du rappel des proteſtans qui offrent cent vingt millions, à ce que l'on aſſure; ainſi je vois que cette aſſemblée a pour objet de donner la ſanction nationale à des plans adoptés, ſans craindre les tracaſſeries des cours ſouveraines.

Le marq. On croit que l'extinction totale des gens de main-morte doit y être propoſée.

Le comm. En ce cas, dites *décidée*. Car, encore une fois, ce ne ſont pas des conſeils que l'on attend de cette foule d'hommes reſpectables de toutes les claſſes, entre les mains deſquels ſeront dépoſées les volontés du monarque. Leur attache, l'approbation qu'ils donneront ſans héſiter à des innovations avantageuſes ou néceſſaires, fermeront la bouche à toutes les réclamations. Ce ſimulacre des états atterre les corps qui s'arrogeoient, depuis leur abolition, le titre de repréſentans du peuple; il détruit tous les obſtacles qui gênoient l'autorité dans l'exécution d'une infinité de bonnes choſes, & il n'en apportera pas un ſeul à ce qui émane de la ſource d'où les graces découlent comme les édits & les réglemens.

Le Marq. On ne ſauroit douter que des opérations majeures n'aient donné lieu à cette démarche.

La marq. Je ſuis d'une impatience qui ne peut ſe peindre, d'être au 29 Janvier, pour voir ces grands arrangemens. Je me figure un changement total dans plusieurs branches du système d'administration intérieure.

Le doct. M. de *Calone* aura rendu à l'état un service inappréciable, s'il parvient à changer la forme de la perception des impôts. On lit dans un petit almanac dont le gouvernement vient de défendre la vente, que les charges des généralités montant à plus d'un milliard, & les dépenses connues de l'administration n'excédant gueres 330 millions, il reste un immense superflu. Quel en est l'emploi ? L'entretien d'un nombre infini d'avides sangsues qui coutent au peuple deux fois plus que tous les autres maux de l'état....

La marquise. J'ai lu cette observation dans dix ouvrages. Comment la foudre s'est-elle dirigée de préférence sur un chétif almanac qui a copié des calculs connus de tout le monde ?

Le marq. C'est une marque de protection que le gouvernement a donnée au libraire qui le vend. Sait-on quels seront les membres de cette fameuse assemblée nationale ?

Le comm. J'en ai une liste que je crois exacte : Les archevêque de *Paris*, *Bordeaux*, *Narbonne*, *Toulouse*, *Arles*, *Aix* & *Rheims* ; les évêques de *Blois*, *Langres*, *Nevers*, *Rhodès*, *Alais*, *Nancy* & *Puy-en-Velay* ; les maréchaux de *Broglio*, *de Beauveau*, *d'Aubeterre*, *de Mouchy*, *de Laval*, *de Vaux*, *de Choiseul-Stainville* ; les ducs de de *Nivernois*, *du Châtelet*, *de la Rochefoucault*, *de Charost*, *de Croï*, prince de *Robeck*, *de Chabot*, *de Tonnere*, *de Harcourt*, *de Luxembourg*; les marquis de *Langeron*, *de Rouillé*, *de Mirepoix*, *de Thiars*; les comtes de *Choiseul*, *de Brienne*, *d'Estaing*, *de Périgord*, *de Montmorin*, *de Montboissier*, *de Puysegur*, *de Rochechouart*, *de Noailles*, *de Croix*, *d'Egmont*; les premiers présidens & procureurs généraux du royaume; MM. *Bertin*, *Esmangard*, *de Neville*, *de Sauvigny*, *de Fourqueux*, *de Villedeuil*, *Boutin*, *le Noir*, *Feydeau de la Tour*, *Lambert*, conseillers d'état; les députés des états; les présidens *d'Ormesson*, *de Lamoignon*, *de Scaron*; enfin les maires des douze principales villes du royaume.

Le marq. Je vois là toutes personnes dévouées à la cour.

Le chev. Mais aussi de bonnes têtes & de tous les états qui peuvent être intéressés aux réformes que l'on projette.

La marq. Un pareil congrès ne seroit pas inutile pour régler les affaires génerales.

Le docteur. Dans le fait, le corps politique de l'Europe semble n'être plus qu'un congrès occupé à fixer la destinée de cette partie du monde.

Le comm. Oui, mais dieu sait s'il ne se terminera pas comme plus d'une diette en Pologne. Quand je vois en dispute continuelle des gens qui ſont armés juſqu'aux dents ; je crains toujours quelque cataſtrophe. On recommence à dire que l'entrevue de l'empereur & de l'impératrice de Ruſſie, ſur l'un des points de ſa route, aura lieu, mais telles marques d'union & de confiance que ces deux ſouverains ſe donnent, il eſt certain que maintenant leurs vues ne peuvent plus s'accorder parfaitement. D'un autre côté on ne me perſuadera pas que la France laiſſe paſſer entre les mains de l'empereur une prépondérance qui, mettant l'empire à ſa diſcrétion, lui donneroit les moyens de l'armer contre elle à la premiere occaſion. On aſſure que la conciliation des troubles de Hollande, pour laquelle nous ſommes parfaitement d'accord avec la cour de Berlin, nous a rapprochés d'elle, & que cette occaſion a apporté de nouvelles variations.....

La marq. Vous m'impatientez, meſſieurs les nouvelliſtes, avec ce terme merveilleuſement inventé pour voiler votre ignorance.

Le comm. Il eſt de fait que l'entrevue de JOSEPH avec CATHERINE n'eſt revenue ſur le tapis que depuis les obſtacles élevés par la maiſon de Bourbon au voyage que le roi & la reine de Naples devoient faire à Vienne ; la politique eſt en ce moment un grand jeu dans lequel les cabinets déployent toute leur habileté, & la face du jeu, la ſituation des joueurs changent à tous les coups.

La Marq. Commandeur, je voulois vous

demander, à propos de l'almanac dont nous parlions tout-à-l'heure, quel eſt cet article déplaiſant de la gazette d'*Utrecht*, qui lui a valu les honneurs de la prohibition.

Le comm. Le voici. » *Extrait d'une* » *lettre de Peckin* : les dépenſes de l'Empire » pour l'année ſe montent à un total exor- » bitant. La maiſon de l'empereur coute 50 » millions; ſes menus plaiſirs 3 millions; » ſon armée, y compris l'artillerie, 180 mil- » lions; ſa marine 50 millions; les penſions » qu'il a accordées préſentent 48 millions » à diſtribuer; les rentes des fonds qu'on » lui a prêtés s'élevent à 228 millions qu'il » doit payer chaque année; l'adminiſtration » de la juſtice criminelle employe 15 à 20 » millions; total 529 millions. Les dettes » particulieres ne ſont pas compriſes dans » ce calcul; on dit parmi les mandarins » de la premiere claſſe que cet objet monte » à plus de 120 millions; c'eſt ce qui met » l'eſprit miniſtériel du chef des finances » impériales fort à la torture. On diſoit à » Pekin, que ce mandarin voudroit bien re- » cevoir l'ordre de ſa démiſſion, tant il eſt » en peine dans ce moment critique, pour » remplir les engagemens de l'empire. On » lui donne un bon caractere, mais il a le » deſir le plus vif de paroître un grand hom- » me. Quant à ſa fortune, on croit que ce » n'eſt plus un ouvrage à faire. »

La marq. D'après ce qui ſe paſſe, on peut

gager que le gazetier en a menti sur l'article de la démission. Le ministre des finances de Pekin a trop d'esprit pour ne pas trouver les moyens de se tirer d'affaire, & l'événement le prouve. Il paroît que les ressources ne lui manquent pas, puisque l'on parle d'une infinité de dépenses publiques pour l'embellissement de la capitale & l'utilité du royaume de la Chine.

Le marquis. Vous savez, M. le commandeur, qu'un superbe pont en face des invalides, préviendra votre humeur sur le détour que vous êtes obligé de faire pour aller à Versailles.

Le Comm. Ce qui m'intéresse les plus, c'est le succès du beau projet de M. Poyet pour la construction d'un nouvel Hôtel-Dieu. Je l'espere; l'affaire se suit avec chaleur. Le rapport des commissaires de l'académie des sciences m'a paru concluant. Il y est démontré que l'Hôtel-Dieu actuel est, de tous les hôpitaux du monde, le plus insalubre. Ce ne sont point des phrases propres à échauffer les têtes sans éclairer l'esprit, mais des faits exposés avec clarté & précision, & des conséquences déduites de ces faits dans toute la rigueur géométrique. Il m'a paru très-singulier que les administrateurs de l'Hôtel-Dieu aient refusé aux commissaires de l'académie les éclaircissemens qu'ils ont demandés & qu'ils se croyent avec raison autorisés à demander, en vertu des ordres du roi.

Le docteur. Dans les momens les plus preſſans de beſoins & de détreſſe on a vu *Louis XIV* dépenſer des ſommes énormes en fêtes & en vaines ſomptuoſités. Il eſt honorable pour notre gouvernement de s'occuper de tels projets, tandis que les frondeurs exagerent l'embarras des finances. La ſageſſe des adminiſtrateurs tient lieu de grands tréſors.

Le comm. Quelque portion de ceux du Perou leur viendroit pourtant bien à point. Je viens de lire dans les papiers anglais une deſcription charmante de l'entrée publique du duc de Palada à Lima en 1681, en qualité de vice-roi du Perou. Les rues étoient pavées de lingots d'argent, dépenſe que l'on peut évaluer à 400 millions de livres.

La marquiſe. Docteur, nous trouverons cela dans l'abbé Raynal, n'eſt-ce pas ?

Le docteur. A propos, on avoit dit depuis long-tems que ſon hiſtoire philoſophique étoit une moſaïque à laquelle bien des gens avoient eu part ; & l'on vient de découvrir que les morceaux les plus ſaillans & les plus hardis ſont de Diderot.

Le marq. En ce cas on peut dire qu'il a reçu des coups de bâton pour les ſottiſes des autres.

Le comm. Eh, bon dieu, n'eſt-ce pas là l'hiſtoire de ce bas monde ? chacun porte toujours la peine des fautes de ſon voiſin. Je gagerois qu'il en eſt ainſi de deux coquines : que j'ai vu ramener ce matin couvertes de ſang du bois de Boulogne. On m'a dit qu'elles s'y étoient donné rendez-vous pour ſe battre à coups de couteau. Dans le même tems il s'eſt commis un vol bien abominable. Une pauvre laitiere a été dépouillée, en retournant chez elle, de l'argent qu'elle portoit à ſes enfans pour leur ſubſiſtance : la malheureuſe femme continuoit ſa route en pleurant. Elle rencontre un autre drôle qui la queſtionne ſur le ſujet de ſa peine. Elle raconte ſon avanture. Il lui demanda ſi elle reconnoîtroit bien le voleur, elle eut l'imprudence de répondre qu'oui. Le drôle court après celui-ci & l'amene. A peine ſe fut-elle écrié, *c'eſt lui*, *c'eſt lui*, que les deux coquins la jettent par terre, lui ferment la bouche & lui crevent les yeux, en lui diſant que puiſqu'elle ſavoit ſi bien ſe rappeller les phyſionomies, ils vouloient lui ôter la faculté de les reconnoître dans la ſuite.

Le chev. Pour détruire l'impreſſion de cette triſte hiſtoire, je vais vous raconter un trait qui, avec mille autres, peint la belle ame de notre monarque. A l'une des dernieres chaſſes, un payſan fit perdre la piſte aux chiens. Le roi, dans le premier mouvement, ordonna que l'on ſe ſaiſit de cet homme. Le payſan fut arrêté & attaché à un arbre. Le haſard conduiſit le roi dans cet endroit, il vit le payſan garottés qui ſe lamentoit. Le monarque attendri, deſcend de cheval, détache lui-même ce malheureux, lui donne de l'argent & dit aux ſeigneurs qui arrivent près de lui en ce moment : *Qu'on n'exécute plus à l'avenir les ordres que je pourrois donner dans un inſtant de colere ! Que d'injuſtices ne pourroit-elle pas me faire commettre ?*

Le chev. Louis XVI. nous montrera donc un roi au deſſus des foibleſſes de l'humanité. Quel beau moment pour l'hiſtoire que celui où tous les trônes ſont occupés par des ſages & des philoſophes. On dit que le roi de Pruſſe accorde enſemble les trois branches du chriſtianiſme, aſſiſtant alternativement aux cérémonies religieuſes de l'une & de l'autre. Dans le tems de fanatiſme cette condeſcendance eût mécontenté tout le monde. Elle eſt pour *Fredéric-Guillaume* un nouveau moyen de s'aſſurer l'affection de tous ſes ſujets.

LA LINGERE.

Cent ouvrieres ſont déja occupées à la parure du futur héritier de la maiſon D**. La marquiſe a donné ordre à Mlle. *Dulinon* de lui apporter ce qu'elle a de plus riche & de plus élégant pour la layette de cet enfant qui doit bientôt combler ſes vœux. On ſait que Mlle. *Dulinon* eſt parmi les lingeres ce que Mlle. *Bertin* & Mlle. *Rouſſaud* ſont parmi les marchandes de modes. Il n'eſt point de belle toile, il n'eſt point de belle dentelle ſi elles ne viennent de ſon magazin, & perſonne ne coupe & ne cout avec plus de goût & d'intelligence.

C'eſt l'époque de la complaiſance pour les maris; il a fallu que le marquis fût préſent aux choix de toutes ces frivolités inutiles. Un bonnet de garçon eſt le premier objet qui s'eſt trouvé ſous ſa main. *Quel heureux préſage, ma chere! puiſſe-t-il n'être pas déçu!*

Perſonne n'entend auſſi bien que Mlle. *Dulinon* à faire valoir ce qu'elle veut vendre. Il s'en eſt peu fallu qu'elle n'ait réuſſi à perſuader à la marquiſe que la taille & la ſanté de ſon enfant ſeroient en danger ſi on ne le mettoit en moule au moyen de ces bandes meurtrieres dans leſquelles on reſſerroit autrefois avec tant de barbarie ces êtres délicats. Le marquis lui ordonna avec humeur d'écarter ces funestes instrumens. — Comment, monsieur, interrompit la lingere, ne seriez pas aussi d'avis que j'expose ma conscience en faisant des vêtemens nuisibles ? Un prétendu philosophe a osé dire, il y a quelques années dans le *journal de Paris*, que la profession de tailleur n'étoit point honnête, parce que, selon lui, les corps de baleine faisoient périr beaucoup d'enfans & de jeunes filles. Les tailleurs étoient perdus, si cette opinion s'étoit accréditée ; la communauté a consulté des avocats ; le syndic a fait assigner en réparation les auteurs du journal, & il n'en seroit résulté un grand procès, si ces messieurs n'avoient pris le sage parti de céder. — Ce pourroit être un malheur, reprit le marquis, si les faiseurs de corps mouroient de faim ; mais ce malheur seroit moins grand que la perte ou le dépérissement d'une infinité de jeunes personnes que les corps & les gênes de toute espece conduisent tôt ou tard au tombeau.

Pendant que le marquis peroroit, Mlle. Dulinon étaloit un superbe ajustement de dentelles. Voici, madame la marquise, ce que vous avez vu de plus beau au *point d'argentan*. Le regne des gazes ne sauroit durer : ceci est du solide & sera éternellement de mode. Mais la marquise qui ne perd jamais la politique de vue, & qui sait tirer parti de tout, lui demanda des nouvelles de son frere attaché au comte D*** qui voyage ; dit-on ; avec des commiſſions ſecretes. — Madame la marquiſe eſt bien bonne, reprit la lingere, mon frere eſt arrivé hier de Vienne. Que cette ville s'eſt embellie, qu'elle s'eſt peuplée, ſuivant ce qu'il raconte ! C'eſt un ſecond Paris. Le commerce & l'induſtrie y fleuriſſent dans tous les genres.... A ſon départ on parloit de nouveaux arrangemens qui y produiront ſans doute encore de plus grands effets ; car on dit que l'empereur eſt infatigable & que ſes vues tendent toutes à la proſpérité de ſes peuples. Ce grand prince ſacrifie à cet objet ſon repos, ſon exiſtence même ; ſon application au travail donne des inquiétudes ſur ſa ſanté. Mon frere dit que les bureaux de l'état ſont occupés à Vienne le jour & la nuit ; le maître donne l'exemple. Le comte de Belgiojoſo étoit attendu d'un jour à l'autre ; mais l'objet de ce voyage n'eſt pas je ne ſais quel échange qui a fait tant de bruit depuis quelque tems. Ce projet contrarié par tant de puiſſances a fait place à d'autres : au reſte mon frere, homme de plume, comme vous le ſavez, tient un journal exact de ce qu'il apprend dans ſes voyages ; il m'en a remis un cahier, &, s'il peut contribuer à l'amuſement de madame la marquiſe, je me fais un devoir de lui en offrir la lecture.

J'arrivai ſur ces entrefaites ; la lingere fut congédiée, & nous nous mîmes à parcourir les notes de l'homme de plume. Voici ce que nous y trouvâmes ſur les affaires actuelles.

» On regarde comme certain le voyage de l'empereur dans le levant ou du moins juſqu'à Kiow, & ſon entrevue avec ſa grande alliée doit avoir les ſuites les plus intéreſſantes. En effet les diſpoſitions que fait l'impératrice de Ruſſie ſont trop importantes pour un ſimple voyage, & indiquent clairement des vues hoſtiles dont elle cherche à voiler l'exploſion. L'année préſente verra probablement éclater les grands projets que l'on cherche à pénétrer. Nul mortel ne peut calculer juſqu'à quel point l'empereur y prendra part, mais ſa réſolution de faire cette grande courſe avec l'impératrice de Ruſſie auroit quelque choſe de romaneſque, ſi elle n'étoit annoblie par les grands intérêts politiques qui doivent en réſulter. On ſait d'ailleurs que *Catherine* a promis de faire cette année quelque choſe de mémorable : les ſpéculateurs diſent qu'elle ſe fera couronner, non comme *reine de Taurie*, mais comme *impératrice d'Orient*, & que, de concert avec *Joſeph*, elle obligera *Achmet* à chercher un aſile en *Aſie*. Il eſt du moins très-probable qu'au printems prochain, les troupes Ruſſes forceront les défilés du Caucaſe, tandis que les Autrichiens enleveront au croiſſant ce qu'il poſſede encore au Nord du Danube. »

Le manuſcrit annonçoit comme un bruit

généralement accrédité la converſion du roi de Suede à la religion catholique. On ajoutoit qu'il avoit fait abjuration à Florence, il y a quatre ans. Je n'en crois rien, dit le marquis, il feroit ridicule de ſuppoſer que la conviction ait porté ce monarque à une démarche ſi ſinguliere, & la politique ne peut en avoir fourni le motif. Je me rappelle à cette occaſion une anecdote plaiſante. Vers l'époque de l'exploſion de la derniere guerre avec l'Angleterre, on apporta au conſeil deux paquets qui avoient été jettés à la poſte à Paris & qui y avoient été arrêtés comme ſuſpects. Ils étoient adreſſés au lord North, & renfermoient une incluſe pour le roi d'Angleterre. J'ai conſervé des copies de ces lettres originales. Les voici.

A S. M. Britannique le très-Auguſte Roi d'Angleterre.

de Paris le 6 Juin 1768.

» SIRE : je ne ſuis que peu de choſe & » j'oſe conſeiller un roi ! V. M. veut-elle » jouir d'une paix glorieuſe & ſolide ? Allez » à la meſſe, invitez-y tous les anglais, ſans » en contraindre aucun : point de guerre, » point d'intolérance ! Il en réſultera une paix » univerſelle ; les révoltes ſe diſſiperont, la » liberté de religion s'étendra ſur le double » hémiſphere, & la liberté de commerce ſe

» perpétuera ſur les deux mers. Agréez, Sire,
» les hommages d'un ſimple tonſuré, citoyen,
» coſmopolite. «

A S. E. le très-illuſtre & très-honoré lord mylord NORTH.

» Mylord, la confiance de votre maître
» détermine la mienne. J'oſe m'adreſſer à
» vous pour faire parvenir au trône la let-
» tre incluſe. Elle ne contient pas un mot
» qui vous comprometre. Il ne s'agit que
» d'un moyen peut-être infaillible de ſauver
» l'Angleterre. Je ſuis ce que je dois être
» envers V. E. »

A S. M. Britannique, &c.

de Paris le 7 *Juin* 1778.

» Sire, voici un ſupplément à l'humble
» adreſſe que je confiai hier à la poſte pour
» V. M.

» Le monarchiſme ſeul affermit les trônes
» *par la grace de Dieu.* Il vous importe donc
» de changer votre culte perſonnel & la conſ-
» titution de vos Royaumes.

Soyez roi converti, ſoyez roi tolerant,
Soyez monarque abſolu, débonnaire.

» Pardonnez, Sire, un téméraire avis en
» conſidération d'un vœu de proſpérité pour
» V. M. Puiſſe le rêve d'un homme de bien
» devenir la réalité même ! »

A S. E. Lord Mylord NORTH.

» Mylord, si la poste est fidele, V. E. » recevra deux lettres consécutives contenant » chacune une respectueuse adresse pour vo» tre auguste maître. Je ne doute point, en ce » cas qu'elles ne lui parviennent, & je n'aurai » pu choisir une meilleure voie. »

L'anecdote, ajouta le marquis, est autentique ; soit que l'on ait regardé ces lettres comme un trait de folie sans conséquence ou que le conseil ait paru bon, les paquets ont été renvoyés à l'intendant des postes avec cette apostille : *laissez passer*.

Nous reprîmes le manuscrit & nous y trouvâmes que l'observateur, passant à Berlin, il a quelques années, vit dans les appartemens de la famille royale, un tableau retourné au milieu des portraits de plusieurs souverains de l'europe. C'étoit celui du roi de Suede. L'écrivain ajoutoit que, selon toute apparence, quelque froid entre les deux cours avoit donné lieu à cette espece de vengeance. Le journal renfermoit plusieurs anecdotes curieuses qui exciterent vivement la curiosité de la marquise ; elles y étoient éparses, sans ordre & sans méthode ; en voici quelques unes.

» Le feu comte de Maurepas avoit convoité pour une de ses créatures l'ambassade d'Espagne. Pour parvenir à cette fin assez difficile, tant par l'estime dont M. le comte d'Ossun jouissoit à Versailles que par l'amitié que lui portoit S. M. C., il employa sa ruse ordinaire. Ce fut de débiter & de faire débiter par d'autres, que M. d'Ossun étoit devenu incapable de sa place, à cause de son âge qui avoit affoibli ses organes, au point que même il étoit sourd, ce qui pour un ambassadeur est un défaut essentiel. Ces propos répandus parmi les seigneurs qui approchent le plus du roi ne laissoient plus à l'antique ambassadeur, d'autre mérite que celui qu'on ne pouvoit lui enlever, celui d'une probité éprouvée. On persuada donc le roi qu'il ne pouvoit plus laisser M. d'Ossun sans inconvénient à Madrid. S. M. desiroit depuis longtems de faire un sort au marquis de Montmorin, son ancien menin. Elle prévint ce seigneur qu'il iroit à Madrid. Celui-ci fit quelques observations sur le mérite de M. d'Ossun qui ne pouvoit s'être attiré une disgrace juste. — Vous savez, reprit le roi, ce qu'on dit de lui. — Mais, Sire, ce que l'on dit est-il avéré, & des vues particulieres n'auroient-elles pas dicté ces bruits? — Cela se pourroit; mais M. d'Ossun sera mieux ici pour mes affaires & pour sa propre tranquillité, & vous irez à Madrid; demain je vous nomme. »

» M. de Maurepas vint ensuite chez le roi & lui parla encore de la nécessité de donner un successeur à M. d'Ossun. — J'y ai pourvu, répondit S. M. — Sire, j'apportois une liste de quelques personnes le plus capables de remplir cette place importante. — J'y ai pourvu, vous dis-je, reprit le roi; j'y ai nommé un homme que j'estime: M. de Montmorin. — Mais, Sire, M. de Montmorin est encore nouvellement dans cette carriere; ne seroit-il pas à propos du moins qu'il allât d'abord sans caractere à Madrid pour que M. d'Ossun le mis au fait de la cour & des affaires? — Vous oubliez, M. de Maurepas, que, suivant ce que vous m'avez dit, M. d'Ossun a des infirmités.... & le monarque se retira avec humeur.... Le roi d'Espagne fut très-affligé du départ de M. d'Ossun & écrivit au roi de France, pour le prier de le placer comme un grand ministre méritoit de l'être. Il a été admis au conseil & S. M. lui témoigne la plus haute considération. Lorsque M. *Odune* fut envoyé en qualité d'Ambassadeur extraordinaire pour proposer le projet du pacte de famille, un courier qui devoit annoncer sa venue à S. M. C. ne l'avoit précédé que de 24 heures. Le roi fit appeller sur le champ M. d'Ossun & lui dit; » Mon cher ambassadeur, je suis bien fâché de manquer d'égards à votre maître » mon frere & mon cousin, mais encore » une fois, je ne veux traiter des affaires de » ma maison qu'avec vous seul, & je viens de » dépêcher à la rencontre de l'ambassadeur » pour le faire retrograder. »

» On

» On raconte du général *Lee*, qui étoit un fort bon officier, quoiqu'un peu bizarre, & ne s'assujettissant pas beaucoup aux loix de la bienséance, que buvant un soir a *Albany* avec un viel officier Ecossois, au service des américains, il lui dit qu'il avoit un défaut en société, qu'il le prioit de lui pardonner, s'il le prenoit sur le fait : c'étoit d'insulter les Ecossois lorsqu'il avoit un peu trop bu. — » En vérité, mon cher général, répliqua l'officier Ecossois, je vous passerai ce foible de bon cœur pourvu que vous ayez la même indulgence pour le mien, qui est que lorsque j'entends quelqu'un parler mal de l'Ecosse ou des Ecossois, que je sois sobre ou non, de ne pouvoir m'empêcher de lui appuyer ma canne sur les épaules. Pardonnez-moi ce petit travers ; j'en ferai autant du vôtre. « Le général *Lee* entendit, *à demi-mot*, & fut on ne peut pas plus joyeux pendant toute la soirée ; on remarqua surtout qu'il ne parla pas de l'Ecosse ni de ses habitans »

» Un grand seigneur de Vienne, également connu par des dissipations énormes, par une noble ambition & par des actes de grandeur d'ame, avoit couché en vue une jeune & jolie fille. Il confia sa passion à un homme que sa naissance & son état auroient dû éloigner de la vile commission dont on le chargeoit. L'entremetteur crut avoir bien négocié une entrevue définitive, stipula une forte somme d'argent que le grand seigneur devoit apporter à cette premiere visite, & concerta le jour & l'heure du rendez-vous. Le galant y vola au moment fixé, muni des rouleaux de ducats sans lesquels on l'avoit averti qu'il n'y avoit rien à faire. La belle prit l'argent, mais sous un prétexte plausible, remit l'affaire au lendemain. Dès que le séducteur fut parti, elle alla se jetter aux pieds de l'empereur qui, pour récompenser sa vertu, ordonna que l'argent lui resteroit, que le grand seigneur payeroit 4,000 fl. à la caisse des pauvres & que l'entrepreneur seroit banni de Vienne. Il est fâcheux pour l'honneur de la fille, qu'on puisse lui reprocher de n'avoir pas autant de bonne foi que de continence, & la soupçonner d'avoir eu l'espoir, que l'événement a justifié, de garder ses faveurs & l'argent qui devoit en être le prix.

ANECDOTES.

Le manuſcrit anecdotique a été, pendant pluſieurs jours, la grande affaire de la marquiſe, nous nous raſſemblions pour en faire la lecture; les traits ſuivans ſe ſont placés dans ma mémoire.

» Le comte *de la Motte* que l'on diſoit arrêté, jouit à *Londres*, de tous les droits de la *Cité*. il rédige un *Mémoire juſtificatif* où il prétend prouver que le cardinal de *Rohan* eſt le ſeul coupable dans l'affaire du collier. Le feu roi de Pruſſe dit un jour à table en préſence de quelques officiers français : *Je regarderai le cardinal comme l'homme de France qui a le plus d'eſprit, s'il réuſſit à ſe faire paſſer pour un imbécille.* »

» Un jeune homme de bonne mine ſe préſenta un jour à l'empereur, ſe donnant pour fils naturel de *François I.* Le monarque l'écouta avec bonté, lui fit beaucoup de queſtions, & ſes réponſes n'étant point ſatisfaiſantes, finit par lui dire : *Mon pere eſt mort d'apoplexie, il n'a pas eu le tems de me parler de vous.* »

» L'année derniere, beaucoup de dames Viennoiſes firent le voyage de Paris elles en rapporterent beaucoup de ſingularités & de préventions contre l'air natal, qui ſembloient leur donner de l'humeur. *Je ne permettrai plus*, dit l'empereur à l'une d'elles, *que vous alliez vous amuser ailleurs pour revenir bouder à Vienne.* »

» L'évêque de *Warmie* qui perdoit les deux tiers de son revenu par l'acquisition que la cour de Berlin venoit de faire d'une partie de la Pologne, se rendit à Berlin en 1773. Le roi lui dit : *M. de Warmie, vous ne devez pas m'aimer.* Le prélat répondit en se retranchant sur la charité chrétienne & sur la soumission due aux souverains. — *Pour moi*, reprit le roi, *je suis fort de vos amis, & je compte tellement sur vous que si S. Pierre refuse de me laisser entrer dans le paradis, je vous demanderai, & j'espere que vous voudrez bien me mettre sous votre manteau pour me faire entrer sans être apperçu. Cela ne se pourroit*, répliqua l'évêque, *vous avez tant rogné ce manteau qu'il est trop court pour y cacher de la contrebande.* »

» Le duc de *Wirtemberg* a déclaré son mariage avec la duchesse de *Hohenheim*, dans le commencement de l'année 1786. On a attribué cette subite résolution à deux causes. 1°. L'épouse du ministre de France refusoit de ceder le pas à cette dame. 2°. Le prince *Louis* frere du duc régnant, vint un jour de Francfort dans le dessein de se reconcilier avec lui. Il vouloit pénétrer dans le cabinet de S. A. S. ; on lui dit qu'elle étoit avec madame de Hohenheim. *Je ne connois pas cette femme*, répondit-il, *ſaluez mon frere de ma part & dites lui que je m'en retourne.* Le duc fit venir ſur le champ un prêtre catholique qui ſe trouvoit prêt à chanter la grand meſſe, & lui ordonna d'ajouter aux prieres d'uſage la formule, *& pour madame la ducheſſe ſon auguſte épouſe.* Les courtiſans s'entreregardoient avec ſurpriſe. Le même jour le duc déclara ſon mariage fait depuis un an, aux miniſtres étrangers & à toute la cour qui fut admiſe à baiſer les mains de la nouvelle ſouveraine. C'eſt ainſi que cette union traverſée en d'autres tems fut établie & ratifiée pour la vie. »

» Le gouverneur de *Br*..... avoit défendu à la gouvernante de ſa fille, de la laiſſer ſeule un inſtant. Cette enfant âgée de 8 ans s'eſt échappée & s'eſt tuée en tombant d'un balcon dans la rue. La gouvernante eſt allée ſe jetter aux pieds de ſon maître qui dans le premier mouvement de colere, lui a donné un ſi furieux coup de pied dans la poitrine, qu'elle eſt morte, deux jours après. »

» On remarque qu'il ſe trouve en ce moment dans l'empire, ſeize miniſtres de la cour de France, ce qui prouve combien cette puiſſance a à cœur les affaires du corps germanique. »

» Un jeune ſeigneur français, ſe trouvant au dernier camp de Prague, s'étonnoit bonnement de voir *quelque choſe de paſſable.* En ſortant de la table de l'empereur il eut la franchiſe de dire à voix haute qu'il n'avoit pas cru *que l'on mangeât ſi bien chez l'empereur*. Il eſt plus facile d'imaginer que de décrire l'impreſſion que fit un ton ſi ridicule. »

» L'empereur a conſidérablement augmenté le traitement du général *Laudon*. Ce guerrier célebre parvenu par ſon mérite ſeul, n'avoit pas de quoi vivre ſelon ſon rang, & l'on ne pouvoit ſans ſaiſiſſement l'entendre dire en parlant de lui-même : *vieux ſoldat, vieux mendiant*. Il eſt livonien & après avoir ſervi dans les grades ſubalternes, il étoit parvenu à celui de capitaine, lorſqu'une réforme détruiſit toutes ſes eſpérances. Il ſollicita longtems ſans ſuccès un remplacement, & reçut, pendant cet intervalle, des ſecours d'un artiſan qui avoit ſenti l'eſtime qui lui étoit due, & où ſon mérite devoit le conduire. C'étoit ſon tailleur. M. de Laudon a conſervé pour ce digne homme une reconnoiſſance qui les honore tous deux. Lorſqu'il fut élevé au grade d'officier général, il vint à Vienne pour faire ſes remercimens, & ſa premiere viſite fut pour le tailleur. Il ſe rendit enſuite chez le prince de Kaunitz qui l'invita à dîner. Le général s'excuſa ſur un engagement qu'il avoit pris. — Comment déja ? -- M. de Laudon avoua que d'anciens titres à ſa gratitude l'avoient emporté & raconta avec la franchiſe que le caractériſe, ſes obligations envers le tailleur & la promeſſe qu'il lui avoit faite de dîner ce jour là chez lui en famille. Il faudroit ne pas connoître la grande ame du prince de Kaunitz pour demander l'impression que lui fit cet épanchement de celle de *Laudon*. »

» *Scheick-Mansour* que l'on n'a d'abord regardé que comme un aventurier, est un descendant de Thamas-Kouli-Kan. Echappé aux persécutions de sa famille, il a longtems erré dans la turquie d'Asie, puis dans l'Egypte; de là il est venu en europe & a reçu le baptême à Livourne. Bientôt après il a repris le turban plus conforme à ses goûts, & le voilà tout à la fois comme Mahomet, prophete & général. On le dit instruit dans les langues & dans la tactique européenne, mais il a grand soin de cacher ses connoissances à ses sectateurs. Les russes qui l'on méprisé, ont changé d'opinion à son égard; les Turcs desirent sa chûte autant par amour de la paix que par jalousie de secte, &, ce qu'il y a de plus extraordinaire, c'est qu'on ignore d'où il tire ses ressources. »

» Le malheureux *Gruppenberger* qui balaye les rues à Vienne, a un fils qui ne lui ressemble pas. Ce fils est allé lui baiser la main, dans le moment même qu'il exerçoit les viles fonctions qui lui tiennent lieu de supplice. Le conseiller Kresel étoit à sa fenêtre, vit cette action & fit approcher le jeune homme. Celui-ci, les larmes aux yeux, répondit à ses questions : *Cet homme dont vous parlez avec tant de mépris est mon pere.* Le conseiller a présenté ce digne fils au monarque qui lui fait une pension en attendant qu'il soit en état de remplir un emploi. La fille du conseiller *Cetto*, camarade de *Grupponberger* a éprouvé de la part d'un jeune homme auquel elle étoit promise, un procédé qui n'est pas moins généreux. Il lui a écrit que les fautes de son pere & sa punition n'avoient pu alcérer ses sentimens pour elle, & que, dans peu de jours, il viendroit à Vienne pour l'épouser. Sous le grand Joseph les préjugés ont donc perdu tout leur empire, & cessent d'étouffer les sentimens que les législateurs auroient pu rendre plus utiles à l'ordre & au bien public, que des idées factices maladroitement imaginées. »

» Le jeune comte *E.* conduisant lui-même son cabriolet, dans une rue étroite de Vienne, heurta le carosse de l'ambassadeur de France qui n'y étoit pas. Irrité de ce que le cocher français ne s'empressoit pas de lui faire place, il lui donna quelques coups de fouet, auxquels le bras nerveux du cocher riposta vivement. Le comte en porta des plaintes à l'ambassadeur qui lui répondit que, quoiqu'il fut difficile d'imaginer quel démêlé un comte pouvoit avoir avec un cocher, il ne laisseroit pas de réprimer l'insolence du sien. »

» L'incendie de la flotte turque à Tschesmé qui a fait tant d'honneur aux Russes a été l'effet du hazard le plus singulier. Les Turcs avoient gagné le vent ſur un ennemi encore plus maladroit qu'eux ; ils étoient près d'échapper & peut-être de rendre la journée auſſi déciſive en leur faveur qu'elle le devint contre eux, lorſqu'un matelot ruſſe yvre au plus haut dégré, & incapable à jeun, de la moindre action de courage, ſe jetta à la mer avec deux torches gaudronnées. Il parvint à enflammer un des bâtimens turcs ; le vent & la mauvaiſe manœuvre des muſulmans firent le reſte. Cet homme étoit au moment d'être écraſé entre deux vaiſſeaux ; le hazard les dérangea ſubitement de ſorte qu'il eut le bonheur de s'échapper. Ce matelot vit encore ; il jouit d'une penſion de 200 Roubles. »

» Un ingénieur au ſervice de l'empereur s'étoit diſtingué dans un travail relatif à ſa profeſſion. Le conſeil aulique de guerre en faiſant ſon rapport au ſouverain, demanda pour lui une gratification de 500 fl. S. M. I. par une diſtraction qu'occaſionna la multitude des expéditions dont elle étoit occupée, écrivit 5000 au lieu de 500. Le préſident du conſeil repréſenta cette différence au monarque. *Je me ſuis bien apperçu*, dit S. M. I., *que je mettois un Zero de trop, mais puiſque je l'ai mis, il doit reſter, ainſi l'ingénieur aura* 5000 *Fl.* »

» Il eſt arrivé à Stockholm, il y a deux ans, une aventure ſinguliere à laquelle quelques nouvelliſtes ont voulu donner une importance qu'elle n'avoit pas. Le roi écrivoit dans ſon cabinet ; il ſe trouve tout-à-coup aſſailli par un officier de ſon régiment des gardes, qui lui jette une corde au col & le renverſe. Au bruit de cette chûte & du combat qui s'enſuivit entre le monarque & l'aſſaſſin, on accourt, on ſaiſit l'officier, on le charge de fers & peu de tems après, on le trouve mort &, a-t-on dit, empoiſonné. Le fait eſt que cet homme étoit fou & que, ſes accès étant auſſi rares que violens on avoit trop négligé les précautions que ſon état exigeoit.

» M. *Mitchell* étoit envoyé d'Angleterre à la cour de Berlin, lorſque le roi de Pruſſe reçut la nouvelle de la priſe de Mahon par le maréchal de Richelieu. — *Cela ne vous met pas trop bien dans vos affaires*; lui dit le roi. — *Sire*, répondit, le miniſtre, *Il faut eſpérer qu'avec l'aide de Dieu nous nous en tirerons.* — *Oh*, *oh*, réprit Frédéric, *je ne vous connoiſſois pas cet allié là.* — *C'eſt le ſeul*, repartit M. Mitchell avec quelque humeur, *auquel nous ne payons pas de ſubſides.* — *Auſſi vous ſert-il bien mal*, dit le roi en ſe retirant. »

» L'évêque de R. à H. a été le ſeul qui ſe ſoit refuſé à la publication de l'ordonnance de l'empereur au ſujet des mariages. Il écrivit au monarque que ſa conſcienne ne lui permettoit pas en cette occaſion, de ſe conformer aux deſirs du ſouverain. L'empereur lui fit cette réponſe laconique ; *Vous voulez dire que vous êtes dans l'intention de renoncer à votre évêché ; j'accepte votre démiſſion.* »

» Il a été fait un pari entre deux des personnages les plus distingués de l'Angleterre : *que dans deux ans, au moins une des colonies formant les* états unis de l'Amérique, *se mettroit sous la protection de l'Angleterre;* si le cas arrive, comme les habitans de *New-Hampshire* & de l'état de *Vermont* en ont fait la menace, quelqu'un offre de parier : *que les* états-unis *seront partagés, que durant le 19me siecle, il ne sera plus question de république dans le nouveau monde, & qu'au 20 ou 21me siecle les Européens n'y posséderont pas un pouce de terrein.* »

» L'empereur de Maroc fit massacrer, dans son audience publique, le 24 septembre 1786, le juif Cardozo, accusé de malversations. On a découvert ensuite que ce malheureux avoit été la victime d'adroites calomnies & que deux lettres qui avoient servi de preuves, étoient fausses & l'ouvrage d'un de ses ennemis. Le faussaire a été arrêté par ordre de l'empereur & a subi le même supplice que Cardozo ; le frere de celui-ci a été relâché de la prison où le soupçon le retenoit ; il a été conduit devant le despote qui lui a fait toutes les réparations qui étoient en son pouvoir ; on lui a délivré la succession de son frere & on y a joint une indemnité de 4000 Ducats. »

» Le comte de *Gersdorf*, ci devant ministre de la cour de Saxe à la cour d'Espagne, vient de terminer, à la fleur de son âge, une carriere dont sa malheureuse affaire avec M.

Favre ſecretaire de légation de la cour de Berlin, a empoiſonné les dernieres années. A la ſuite d'une légere diſcuſſion avec le comte de Baudiſſin, major au ſervice de Saxe, on convint de vuider le differend, le piſtolet à la main. Les deux comtes accompagnés de leurs ſeconds, ſe rendirent, le 5 janvier 1787, ſur la frontiere de l'électorat, entre Mittenwald & Bareuth. Chacun tira ſes deux coups ſur ſon adverſaire ſans le bleſſer. Les ſeconds demanderent un raccommodement, les combattans ſe donnerent la main. Le comte de Gersdorff aſſura le comte de Baudiſſin qu'il ne conſervoit aucun reſſentiment & qu'il ſeroit ſatisfait, ſi le public acharné contre lui ne ſembloit demander l'effuſion de ſon ſang; que cette raiſon ſeule l'obligeoit de prier le comte *de conſentir à ce qu'ils ſe pouſſaſſent quelques botte avec l'épée.* Ce ſont-là ſes propres paroles. On commença un nouveau combat. Le comte de Baudiſſin ſembloit ne ſe tenir que ſur la défenſive ou du moins eſſayer de ne bleſſer ſon adverſaire qu'au bras; il fut touché lui-même au poignet &, peu après, plus grievement bleſſé à la gorge. Il eſt vraiſemblable qu'en ce moment le comte de Gersdorff s'enferra de l'épée de ſon adverſaire. Tous deux ſe déclarerent bleſſés en même tems. Le dernier mourut en route, entre un chirurgien & ſon valet de chambre. On l'a ouvert & l'on prétend avoir reconnu qu'il eſt mort d'une attaque d'apoplexie & non de ſes bleſſures qui n'étoient point dangereuſes. »

» On donne ces plaiſans détails du naufrage d'un navire chargé de marchandiſes de modes, près de Petersbourg. Le lendemain on vit arriver ſur la Neva un ſaumon coëffé en baigneuſe & enveloppé d'une peliſſe de ſatin couleur de *queue de ſerin*. Il fut bientôt ſuivi de deux morues en mantelets de taffetas blanc. Quelques jours après un navire ruſſe rencontra un requin habillé d'une robe à la bateliere garnie en velours à pailletes & une baleine en domino couleur de roſe. Une cinquantaine de raies empaquetées dans des fichus de gaze & ceintes de blondes magnifiques, entourant un marſouin coëffé d'un *pouf aux aîles de l'amour*, dont les nageoires étoient parées de ſabots de dentelles à gros bouillons, furent rencontrées en même tems par des gondoles ſur leſquelles une compagnies des principaux ſeigneurs de la cour étoient allés faire une promenade. »

C'EST UN FILS!

Combien cette exclamation présente d'idées flatteuses au marquis ! voilà par cette naissance de grands biens fixés dans sa famille, il voit son nom, son illustration, le crédit & la faveur, se perpétuer dans sa postérité. Cent billets ont répandu cette heureuse nouvelle dans un cercle nombreux de parens, d'amis & de connoissances. J'accours : — Mon cher chevalier, j'ai un fils ! .... Il fallut dévorer les détails de projets, de plans de toute espece pour l'éducation, le placement, l'avancement de cette frêle créature dont l'existence étoit encore si précaire & dont les dispositions & les inclinations étoient si incertaines. Une foule de félicitations me débarrassa du marquis pour me livrer au docteur. Il sortoit de chez la marquise & s'empara de moi. — Je ne puis, me dit-il, vous peindre la joie de cette tendre mere ; l'impatience seule de voir son fils en état de seconder ses vues y mêle de l'amertume. Que les années vont me paroître longues, s'est-elle écriée, jusqu'au moment où il me fera goûter par ses succès dans la carriere à laquelle je le destine, par la gloire qu'il y doit acquérir, toutes les douceurs de la maternité ! .... Je ne pus m'empêcher d'observer combien l'imagination que nous procure tant de plaiſirs, nuit aux véritables jouiſſances que nous offre le cours de la vie. — Laiſſez, reprit le docteur, laiſſez la nature revendiquer ſes droits : la marquiſe nourrira ſon fils, & ces honorables fonctions lui feront oublier les ſpéculations de l'avenir pour les jouiſſances plus réelles du préſent. Et qui ſait ſi la guerre prête à s'allumer en europe ne donnera pas au jeune marquis le tems de grandir pour être l'un des inſtrumens de la pacification ?

A merveille, interrompit le comte D** qui nous avoit écoutés ; ces balivernes ſont bonnes pour conſoler la marquiſe ; mais j'eſpere docteur, que vous ne vous flattez pas de plier nos opinions à vos rêveries vacillantes. Premiérement, je vous déclare, moi, que *Joſeph* & *Catherine* n'ont aucunes vues hoſtiles contre les Turcs. Quant aux hollandois, je ſais que M. de Rayneval a entiérement échoué dans ſa miſſion ; mais il ne s'agit que de changer de plans de conciliation. Il n'eſt pas vraiſemblable que la république qui n'a en vue que ſon commerce, qui n'entretient des troupes que pour garder ſes frontieres, qui ne bâtit des vaiſſeaux que pour ſon négoce & pour le faire avec ſûreté, ſe décide à ſe battre pour conteſter au Stadhouder des droits impreſcriptibles, que la maiſon d'Orange a payés de ſon ſang....

Meſſieurs, vint nous dire gravement le préſident, ne voyez-vous point de milieu entre une guerre terrible & la prompte conciliation des partis qui diviſent la Hollande ? les Gazettes nous aſſurent que M. le comte de *Gœrtz* a été rappellé en même tems que M. de Rayneval, & que le roi de Pruſſe ne fera point marcher de troupes pour la cauſe de ſon beaufrere. Les Hollandois ne ſeront abandonnés à eux-mêmes, qu'autant qu'on le pourra ſans qu'ils enſanglantent la ſcene ; ainſi ſoit que le Stadhouder ſe retire dans ſes terres d'Allemagne, comme quelques nouvelliſtes l'annoncent, ſoit qu'il réuſſiſſe à augmenter le nombre de ſes partiſans, je ne vois point que ſes affaires puiſſent influer ſur la tranquillité générale.

Je m'échappai heuréuſement du groupe terriblement politique qui ſe formoit, & le manuſcrit anecdotique étant tombé ſous ma main, j'y recueillis les traits ſuivans.

» Lorſque l'empereur commença ſes réformes parmi les employés de l'adminiſtration, il écrivit au comte d'Eſterhazi, chancelier de Hongrie pour le ſonder ſur les ſubalternes qui n'étoient pas abſolument néceſſaires dans ſon département. Le comte alla ſur le champ trouver le monarque & lui repréſenta qu'il avoit beſoin de tous ſes gens pour le bien du ſervice, qu'ils étoient remplis de zele & d'activité & que tous méritoient plutôt des récompenſes qu'une diminution de ſalaire ; &, ajouta le chancelier, j'oſe aſſurer V. M., qu'il n'y a dans tout mon département qu'un ſeul

seul personnage inutile. — Eh qui donc ? demanda l'empereur.... — Moi, Sire, répliqua le comte. Cette réponse également honorable pour le ministre qui la donnoit & pour le maître auquel il osoit parler avec cette noble liberté, frappa le grand Joseph. Il accabla de caresses le comte d'Esterhazi & laissa sa chancellerie sur l'ancien pied. »

» Un chanoine régulier de sainte croix à Vienne, s'étoit fait séculariser en 1780, sans que personne le sût. Il est resté deux ans après dans son abbaye où les meilleurs emplois lui ont été confiés. Il a déclaré sa sécularisation en 1782 & s'est retiré à Bade où il a acheté une maison. Il a fait un testament par lequel il donne 60,000 Florins aux pauvres, mais ce testament n'est pas signé. Le prélat de Ste Croix réclame les biens du défunt, prétendant qu'il ne peut les avoir acquis que dans l'abbaye ; les pauvres le réclament en conséquence des intentions qu'il a manifestées, & la famille veut avoir la succession, parce que le testament n'est pas signé. »

» Dans un monastere de bénédictins qui a été récemment supprimé en Hongrie on dit que l'on a trouvé outre le trésor précieux de l'église, 95.000 tonneaux de vin, pour un million d'obligations &, dans la sacristie, un petit coffre rempli de lingots d'or & d'argent. Cette ressource est venue fort à propos pour la caisse de religion, épuiſée par les nombreuſes créations eccléſiaſtiques faite en Hongrie & en Bohême. On ne compte pas moins de 927 nouvelles paroiſſes érigées dans ce dernier Royaume. »

» Perſonne n'a ſu la véritable cauſe de la diſgrace du général *Lentulus* qui a joui longtems de la confiance du feu roi de Pruſſe, & qui eſt mort à Berne, le 26 décembre 1786. On dit dans le tems qu'on l'accuſoit d'avoir enflé le mémoire des dépenſes qu'il fut obligé de faire en Ruſſie lors du mariage du grand Duc avec la princeſſe de Wirtemberg. On fit ſur ſon éloignement de la cour une foule d'hiſtoires ridicules, toutes dénuées de vraiſemblance & de preuves. A ſon retour de Pétersbourg, le général fut très accueilli du monarque & continua de jouir de ſa familiarité. Il étoit un jour dans le cabinet de S. M, qui ſe promenoit en long & en large. Le général cede, dans un moment où il croyoit n'être pas vu, au déſir de prendre une priſe de tabac dans la boëte du roi. Une glace avoit décelé ſon indiſcretion ; le monarque prit la boëte & la donna au général en lui diſant : *Elle eſt trop petites pour nous deux*. Depuis ce moment M. de Lentulus n'eût plus d'accès près de ſon maître, & prit le parti de ſe retirer en ſuiſſe ſa patrie. Frédéric, tout philoſophe, tout acceſſible qu'il étoit, vouloit bien deſcendre juſqu'aux autres hommes, mais il ne leur permettoit pas de monter juſqu'à lui. »

» Quelque tems après l'affaire de Clorstercamp, le roi de Pruſſe fit bâtir un temple lutherien, ſur la place des gendarmes à Berlin. Peu après il conſenti à la conſtruction d'une ſalle de comédie dans le même emplacement. Les lutheriens ſe plaignirent de ce que ce nouvel édifice ôtoit du jour à leur temple & demanderent qu'il fût moins exhauſſé. Le Roi écrivit ces mots au bas de la requête : *Bienheureux ceux qui croyent ſans voir*. »

» On a entendu le roi de Pruſſe faire cette réponſe à une propoſition contraire à ſes engagemens avec la Ruſſie, lors du partage de la Pologne : *Pour être prince, il n'en faut pas moins être honnête homme.* »

» Après l'eſpèce d'émeute de Louvain qui s'eſt terminée par la retraite d'écoliers qui ne vouloient apprendre que ce qu'ils croyoient ſavoir mieux que leurs profeſſeurs, le procureur-général du Brabant a fait la viſite de tous les magazins de librairie de la ville & a enlevé tous les exemplaires qui s'y trouvoient des ouvrages ſuivans : *Votum Capituli ; Votum Paſtorum ; la bulle romaine contre* Eybel *Auteur du livre*, Qu'eſt-ce que le pape ?, & le *Triomphe du pénitencier*. »

» Deux navires ruſſes armés par M. *Panow*, négociant de Moskou, ſont revenus ;

en 1786, au *Kamschatha* après un voyage de huit ans sur les côtes les plus septentrionales de l'Amérique. Ils ont trouvé dans l'île d'Unalaschka une espèce d'hommes de la plus petite taille que l'on connoisse. On assure qu'elle ne passe par 42 pouces. Le capitaine en a amené deux qu'il doit faire passer à Pétersbourg. »

» On lit une lettre circulaire adressée par le roi de France à ses sujets riches, amis de la patrie & de l'humanité. Le monarque les invite à contribuer à la construction de quatre hospices qui doivent tenir lieu d'*Hôtel-Dieu*, en quatre différens quartiers de Paris. Les noms des personnes bienfaisantes qui auront donné 10,000 livre seront inscrits sur une table d'airain, pour attester aux générations futures qu'il exista des ames philantropiques qui se plurent à élever des asiles purs & vastes à l'humanité souffrante. Louis XVI. désire que les quatre Hospices soient construits à la fois avec beaucoup de promptitude, parce qu'on ne sauroit mettre trop de célérité à l'exécution d'un projet si utile. *Je le veux ainsi*, disoit le Monarque ; *parce que si l'on ne construisoit qu'un seul de ces édifices à la fois, il seroit à craindre que l'on n'eût perdu haleine pour élever le second & que cet établissement ne restât long-tems imparfait.* »

» L'interrogatoire que madame du Bary a subi dans l'affaire du colier, a été fort gai.

On lui a demandé son nom ? ---- Mon nom ne fait rien à l'affaire , vous ne pouvez au reste l'avoir oublié. ---- son âge ? ---- En vérité , MM. , la question n'est pas trop polie ; on n'a jamais demandé l'âge à une jolie femme. ---- Eh bien , si madame refuse de le dire , on n'a qu'à mettre 50 ans. --- Pourquoi pas 60 ? cela rendroit l'interrogatoire tout-à-fait intéressant. »

» Lorsque l'évêque de Metz fut nommé à la grande aumônerie , à la place du cardinal de Rohan , il fut accablé de demandes & de sollicitations ; il les écarta en déclarant que les promesses de son prédécesseur seroient toutes remplies avant qu'il songeât à ses propres amis. »

» Madame la baronne de *Stael* , fille de M. Necker , a reçu à la cour l'accueil le plus flatteur lorsqu'elle y a été présentée après son mariage. Elle parut d'abord un peu embarassée devant la reine , & son trouble augmenta à l'arrivée du roi. La reine cherchant à excuser l'air gêné de ses révérence , dit qu'elle avoit peur : *Si vous avez peur ici* , dit obligeamment le monarque à l'ambassadrice , *vous aurez donc peur par-tout*. Ce trait aussi délicat qu'ingénieux remit madame la baronne à qui L. M. donnerent mille marques d'intérêt & de bonté. Un falbala de sa juppe s'étant dérangé au moment de la présentation , la reine daigna faire appeller Mlle Bertin pour réparer cet accident.

» Au dernier voyage de Compiegne, le roi étant à la messe, monseigneur comte d'Artois qui étoit arrivé un peu tard, monta dans une tribune supérieure dont le vitrage étoit fermé par une barre de fer. Le prince voulut l'ôter pour voir le célébrant. L'effort qu'il fit ébranla trop fortement le chassis ; quelques vitres furent cassées & tomberent dans la chapelle. Le roi croyant que c'étoit l'ouvrage de quelque homme du peuple, chargea un exempt des gardes d'aller l'arrêter. L'officier monte à la tribune & demande qu'on lui montre qui a cassé les vitres, pour l'arrêter suivant l'ordre du roi. Le prince se présente en disant : *C'est moi, M., je me tiens pour arrêté, vous pouvez en rendre compte au roi.* En effet, après la messe, son altesse royale se présenta en qualité de prisonnier, à S. M. qui rit beaucoup de cette méprise. »

» La duchesse de *Rohan-Chabot* est morte à la fin de 1786. Son corps a été présenté à S. Sulpice & de là transporté aux celestins. L'abbé *Monruel* qui est desservant de cette derniere église, s'attendoit à faire la cérémonie des funérailles, mais l'abbé *Bossu* curé de S. Paul est venu s'emparer de la place d'officiant. Il a voulu prendre le Goupillon pour aller, en surplis & en étole, recevoir le corps. L'abbé Monruel lui a disputé cet honneur ; deux notaires se trouvoient là ; ils ont verbalisé. Les écritures ont duré depuis le matin juſqu'à la nuit, que l'on a enfin inhumé la défunte. Le curé vouloit avoir les dépouilles funéraires & ſur-tout la cire. Il s'eſt emporté au point de déchirer les pouvoirs du deſſervant. »

» Une dame qui alloit aſſiſter à une ſéance du *Lycée* au palais-royal, rencontra une amie qui vouloit l'entraîner chez ſa marchande de modes, pour y voir un ajuſtement d'un nouveau goût. Elle s'obſtina à le refuſer, diſant qu'elle ne vouloit pas manquer la leçon de *la harpe*. --- Comment de la harpe ? Eſt-ce que l'on joue de cet inſtrument ?---Non pas ; c'eſt ainſi que l'on appelle un académicien qui enſeigne la littérature au Lycée. Je vous quitte pour l'entendre ; il parle aujourd'hui ſur les pelotes & les poupées.... La belle ſe trompoit ; le profeſſeur devoit diſſerter ſur *Plaute* & l'*épopée*. »

» Les papiers anglais parlent d'une exécution ſinguliere qui vient d'être faite à *Clonmell*. Un jeune homme avoit été accuſé & déclaré coupable d'avoir volé un cheval. Il fut condamné à être pendu : peu avant l'heure du ſupplice, arriverent des preuves évidentes de ſon innocence. Il étoit trop tard pour pouvoir révoquer la ſentence ; il falloit qu'elle fût exécutée. On l'ôta du gibet au tems marqué, mais ſoit qu'en le pendant, on ait ſû lui conſerver la vie, ſoit qu'on ait employé des remedes efficaces pour le faire revenir, on aſſure que, dès le même ſoir, il ſe retrouva bien portant & que les Quakers de lendroit lui fournirent un cheval & de l'argent pour retourner chez lui le lendemain. »

L'ANTICHAMBRE.

J'étois allé faire une visite au marquis. Apprenant qu'il étoit dans son cabinet, entouré de ses éternels dissertateurs politiques, je m'arrêtai dans l'antichambre, à badiner avec un gros singe. Je m'apperçus bientôt qu'il y en avoit plus d'un dont je pourrois m'amuser. Les laquais s'étoient emparés des feuilles imprimées & manuscrites qui circulent journellement dans cette maison, & les puissances de l'europe, leurs opérations, les événemens politiques passoient en revue devant ce tribunal. Je n'ignorois pas que les laquais entr'eux se donnoient les noms de leurs maîtres ; mais j'avoue qu'il me fit quelque peine d'entendre ces marauts se qualifier mutuellement de comte, de marquis, de de chevalier.

Laquais A. Marquis, je veux parier tout ce que je possede contre ce prétendu voyage de Crimée dont on nous berce depuis deux ans. Les délais qui se sont toujours succédés au moment de l'exécution me feroient même croire qu'on n'y a jamais sérieusement pensé.

Laquais B. Il faut être fou pour imaginer que l'on ait fait ces immenses préparatifs, ces énormes dépenses pour une ſimple parade ; le fait eſt que les tartares que l'on croyoit réduits ou contenus ſe ſont répandus dans la Crimée, au moment qu'on s'y attendoit le moins, ont mis tout à feu & à ſang, & ce moment n'eſt gueres propre à la ſolemnité d'un couronnement. Pour prendre poſſeſſion d'un bien que l'on vient d'acquérir, il faut avoir ſes titres bien en regle ; ainſi les Ruſſes ne peuvent mettre la couronne de la *Taurie* ſur la tête de leur ſouveraine que quand ils ſeront bien certains d'y être les plus forts.

Laquais C. Vous me feriez devenir chevre avec vos raiſonnemens fondés ſur les menteries des gazettes. Elles diſent que c'eſt l'ancien chan dont la préſence a rendu le courage aux Tartares, & mon maître a reçu une lettre de Ruſſie, ſuivant laquelle ce Chan n'a pas pu ſortir de l'Empire & revient en Livonie où l'on a préparé un vieux château pour le recevoir avec ſa ſuite & ſon ſerrail.

Laquais D. Eh que nous importe ce qui eſt ſi loin de nous ! la Turquie & la Ruſſie feront bons l'un pour l'autre. L'empereur ne ſacrifiera pas ſes intérêts, ceux de ſes peuples à l'accroiſſement de puiſſance d'une alliée qui peut devenir un jour ſon ennemie ; l'exemple de l'Amérique angloiſe doit faire regarder comme très-problématique les avantages que la Ruſſie peut retirer de nouvelles poſſeſſions ſi éloignées du centre, & celles-ci n'auront jamais les mêmes intérêts que la métropole. On ne peut changer ceux qui résultent de la position, du sol & de la nature des productions. Les Russes convertis en orientaux auront les mêmes motifs que ceux-ci pour leurs liaisons politiques & de commerce. Les intérêts naturels reprennent tôt ou tard le dessus....

Laq. C. En vérité, baron, tu parles comme un livre; on n'est pas pour rien au service d'un ministre, & je ne doute pas que tu ne deviennes un jour membre du corps diplomatique comme le laquais de *le Couteulx* est devenu banquier.

Laq. D. C'est sur les affaires de la Hollande que nous devons spéculer. Je vois le parti du Stadhouder se fortifier journellement dans la république. J'ai toujours bien pensé que le roi son beau-frere ne l'abandonneroit pas. S'il ne veut pas courir le risque d'allumer une guerre en lui envoyant des soldats pour le rétablir dans ses droits, il est au moins probable qu'il lui fournit des moyens cachés, moins dangereux & plus sûrs.

Laq. B. Cela peut être, mais la France n'en sera point la dupe, & ce n'est certainement pas sans dessein que l'on rassemble des magazins immenses près des frontieres, & jusques dans un fauxbourg de Liege. Je ne serois pas étonné de voir, à l'ouverture de la campagne, une armée française devant Mastricht.

Laq. A. Bon, n'allez donc pas chercher bien loin l'explication toute ſimple de ces préparatifs. Louis XVI ſe propoſe de voyager en Flandres &, revenant par la Lorraine, il aſſiſtera à un grand camp d'exercices qui ſera formé auprès de Metz.

Laq. C. En vérité, MM., il faut être bien extravagant pour tourmenter ſon imagination ſur des matieres abſtraites qui doivent nous être ſi indifférentes. Nous avons tous la fureur de nous occuper des affaires de nos maîtres, au détriment des nôtres; voyez ce qui en eſt réſulté pour ce pauvre *Surêne* le poſtillon; c'étoit ſon tour de conduire le roi à la chaſſe. Il s'étoit mis dans la tête d'obſerver, de juger ce qui ſe paſſoit ſous ſes yeux, & d'en dire ſon avis au monarque. Il demanda au lieutenant des gardes de ſervice la permiſſion de préſenter un mémoire au Roi — *Tu peux me le donner & je le remettrai à S. M.*, lui dit M. d'Agoût. — *Non, M. le comte*, reprit Surêne, *c'eſt une affaire particuliere dont le roi ſeul doit avoir connoiſſance.* Le monarque arrive pour monter en voiture. Le poſtillon met un genou en terre & préſente ſon mémoire, dont l'objet étoit de prouver que l'on voloit tous les ans 3 millions au roi, dans l'adminiſtration des écuries. Surêne a été mis à la geole, comme il eſt d'uſage. On dit que le roi avoit ordonné qu'on lui rendît la liberté, en diſant : *Je ferai uſage de ſon mémoire en tems & lieu.* Quoiqu'il en ſoit, le zele du malheureux Surêne a été récompensé par huit jours entiers de prison.

Laq. A. Il est toujours malsain de vouloir regarder trop haut autour de soi. A propos avez-vous entendu parler de la faillite de Mlle *Bertin*, cette fameuse marchande de modes ? Elle montre par son bilan, qu'elle doit 1,500,000 liv., & qu'il lui est dû un million de plus, mais qu'elle a fourni ses chiffons à des dames sur lesquelles elle ne peut tirer des lettres de change à vue.

Laq. C. On n'entend parler que de faillites. Un receveur général vient d'en déclarer une précisément de la même somme que celle de Mlle Bertin. Comme c'est l'opinion qui attache une valeur à tout & que la plupart des fortunes n'en ont pas d'autres, je voudrois que toutes les personnes qui sont embarrassées, puissent faire circuler comme argent, les billets ou les comptes de leurs débiteurs. Si l'abondance du numéraire fait le bien d'un état, cet arrangement produiroit des avantages réels. On ne verroit plus de banqueroutes, & les mauvaises affaires ne feroient qu'augmenter la splendeur de la nation.

Laq. D. Profondément pensé, mon cher comte, mais on n'a pas besoin de vos conseils pour trouver les moyens d'augmenter le numéraire. La création de 40 millions de nouveaux billets de la caisse d'escompte dont les fonts seront portés au trésor royal, vont à la fois rendre ce service au public & subvenir aux besoins de l'état bien plus importans que ceux des particuliers... Mais que lit donc là le marquis avec tant d'attention ?

Laq. A. Quelque chose qui vaut bien vos raisonnemens politiques & ceux de beaucoup d'autres. C'est un recueil manuscrit d'anecdotes récentes que mon maître prête au tien & que je veux, comme de raison, avoir lu avant de te le remettre. Écoutez, Messieurs !

« Un hussite de la Bohême, converti à la foi catholique, vient de mettre ses confreres en alarmes, après sa mort. Des zelateurs de cette secte, conçurent l'idée de profiter de cette occasion pour empêcher la désertion qui la dépeuple tous les jours. L'un d'eux vanta un moyen immanquable, disoit-il, qu'il avoit imaginé & qu'il mettroit en exécution pour 30 fl. Il s'habilla en diable ; le feu sortoit des yeux de son masque & son haleine sembloit être du soufre enflammé. Il alla ainsi déguisé trois nuits de suite sur le tombeau du défunt, où il se mit à crier qu'il étoit damné pour avoir quitté la religion de *Hus*, &c. Le juge de l'endroit ayant été averti, entoura le cimetiere avec ses satellites ; un chasseur tira aux jambes, le prétendu damné qui vouloit prendre la fuite, il fut saisi & interrogé ; il avoua sa fourberie & fut livré à la justice de Prague, qui le fit exposer au carcan, pendant trois jours, aux huées & aux ris de la populace ; chaque jour il a reçu 25 coups de baton & il balayera les rues pendant dix ans, les fers aux pieds & aux mains. »

« Les clameurs qui se sont élevées dans le monde catholique contre la suppression des couvens cesseront, lorsqu'on apprendra que le chef de l'église lui-même abolit aussi dans ses états, des monasteres & des confréries. C'est M. Angelelli, évêque de *Gubio*, ville de l'Ombrie où sur 5000 habitans on compte 22 couvens sans le clergé séculier, qui a fait au S. pére des représentations sur l'étrange & nuisible multiplicité de ces établissemens. Il a été en conséquence supprimé à Gubio, un couvent de filles de Ste Claire, 2 de bénédictines & 6 confréries. Leurs édifices & leurs revenus seront employés à des usages plus avantageux, comme à entretenir, loger & élever un certain nombre de pauvres filles, qui travailleront à divers ouvrages de fabrique. On donnera en dot à ces filles 40 écus romains, quand il sera tems de les établir. Les religieuses qui refuseront de passer dans d'autres couvens, pourront rester dans l'ancien, jusqu'à ce qu'elles soient réduites au nombre de cinq. Alors on leur assignera quelqu'autre retraite. Dans la terre de *la Fratta*, il a été supprimé aux mêmes conditions un couvent de religieuses Servites & un d'Augustines dans la terre *Della Pergola*. L'évêque de Gubio a obtenu en même temps la faculté de supprimer des bénéfices & des chapelles à la concurrence nécessaire pour augmenter de 50 écus les portions congrues des curés. »

« Un *Souabe*, M. *Schoubart*, établi à

Berlin vient d'inventer un nouveau genre de littérature : Il a fait ſur la mort de *Frédéric* II, roi de *Pruſſe*, un long poëme, qu'il a intitulé *Obéliſque.* On a fait juſqu'à préſent des odes, des poëmes héroïques, des élégies, &c. mais on n'avoit pas encore ſongé à faire des *Obéliſques.* Cet ouvrage reſſemble en effet à un obéliſque à bien des égards ; les premiers vers ſont grands ; ils forment la baſe : le dernier conſiſte en un ſeul mot ; c'eſt la pointe de l'obéliſque, & il y a dans cette piece une quantité de vers que l'on peut regarder comme des hiéroglyphes ſemblables à ceux dont étoient chargés les obéliſques des *Egyptiens.* Il faut eſpérer que l'exemple de M. *Schubart* ſera ſuivi par les poëtes Allemans ; & que ces meſſieurs nous donneront bientôt des pyramides, des colonnes, des portes cocheres & des chaiſes de poſte ; & après cela n'auront-ils pas raiſon de ſe moquer des *Français* ? »

« On manquoit un jour à l'égliſe cathédrale de *Berlin* de livres de cantiques pour la cour & de bois pour faire du feu dans la tribune royale. Le ſacriſtain qui étoit un vieillard fort réſolu, écrivit au roi la lettre ſuivante : *Sire, j'avertis votre majeſté,* 1) *qu'il manque des livres de cantiques pour la famille royale. J'avertis votre majeſté,* 2) *qu'il manque de bois pour chauffer comme il faut la tribune royale ; j'avertis votre majeſté,* 3) *que la baluſtrade qui eſt ſur la riviere, derriere l'égliſe, menace ruine.*

Schmidt,

Schmidt, *sacristain de la cathédrale.*

Le roi se divertit beaucoup en lisant cette lettre & répondit : *J'avertis monsieur le sacristain* Schmidt, 1) *que ceux qui veulent chanter peuvent acheter des livres ; j'avertis Mr. le sacristain* Schmidt, 2) *que ceux qui veulent se chauffer peuvent acheter du bois ; j'avertis Mr. le sacristain* Schmidt, 3) *que la balustrade qui est sur la riviere ne le regarde point. Enfin j'avertis le sacristain* Schmidt 4) *que je ne veux plus avoir de correspondance avec lui.* »

Laq. D. Camarade, ton manuscrit nous berne ; j'ai lu ces dernieres anecdotes dans une gazette.

Laq. A. Voilà l'inconvénient de cette foule d'écrits dont les rédacteurs fouillent par-tout. On ne trouve plus de mérite à des collections plus intéressantes, aux meilleurs ouvrages même, parce qu'on reconnoît des passages dont les plagiaires ont fait leur profit ? continuons ; nous trouverons apparemment quelque chose de neuf & d'original.

« Le comte D***. avoit été choisi par l'empereur pour l'accompagner dans un voyage auquel on supposoit des objets politiques de la premiere importance. Comme ce seigneur se connoît tout au plus en chevaux, quelqu'un a osé représenter au monarque la nullité d'un tel compagnon. *Tant mieux*, a répondu le souverain, *il sera moins bavard qu'un autre.* »

« Lorſque l'empereur eut déclaré que les bals de la cour ſeroient continués l'avent, les entrepreneurs des ſalles publiques de danſe à Vienne ſolliciterent la permiſſion de ſuivre cet exemple. Le monarque leur répondit : *J'ai parlé au cardinal-archevêque pour les bals qui ſe donnent chez moi ; faites en autant & voyez ce qu'il vous dira.* »

« Le pape s'arrêta à Veniſe dans le voyage que S. S. fit à Vienne en 1782. Le doge de cette république eſt lié à une jeune & aimable perſonne par un mariage de conſcience. Elle ſe jetta aux pieds du ſouverain pontife en s'annonçant comme l'épouſe du Doge. Sa ſainteté fut fort embarraſſée. Dans les tems du paganiſme on eût dit que c'étoit *Thetis*. Le chev. Marini raconta alors au pape les amours de ſa ſérénité, & PIE VI. ſe tira d'affaire avec l'eſprit qui le ſert ſi bien dans les circonſtances difficiles. Il poſſede en effet à un dégré étonnant cette facilité que l'on attribue excluſivement aux Français pour la fineſſe des réparties. Il réunit la vivacité ingénieuſe des bords de la Seine à la chaleur d'imagination qui diſtingue les Italiens. »

« *Feſtina lentè*, avoit oſé dire quelqu'un à un grand ſouverain au ſujet de changemens & de réformes importantes dont il s'occupoit. Il répondit : *On m'avoit conſeillé de planter de jeunes arbriſſeaux dans mon jardin ; je ne pouvois vivre assez long-tems pour jouir de l'effet que j'en attendois. J'y ai fait mettre de grands arbres avec leurs racines ; maintenant je me promene sous leur ombre.* »

LES PETITS PARAINS.

Quelques êtres ſinguliers choiſiſſent les parains de leurs enfans parmi de mercenaires & dans la plus baſſe claſſe du peuple. Pourquoi, diſent-ils, contracter une eſpece d'obligation envers gens qui regardent comme chimériques celles qu'impoſe la fonction dont ils ſe chargent ? il eſt abſurde de chercher un ſecond pere à qui n'aura pas même beſoin du ſien propre. Puiſqu'il faut des parains, payons-les & n'y penſons plus quand leur beſogne eſt faite...

Souvent cette auguſte cérémonie eſt réſervée comme une partie de plaiſir à de jeunes perſonnes ; c'eſt le premier rôle qu'on leur fait jouer dans la ſociété. Le jeune comte D* & Mlle D* ont eu une joie inexprimable d'en être chargés pour le fils nouveau-né du marquis. On me pria de les accompagner ; je me conſolai de l'ennui de cette corvée par la converſation de M. Dornel gouverneur du petit comte. C'eſt un homme univerſel comme le docteur, mais d'un genre tout différent ; il ſait de tout & le montre mais ſans affectation. Auſſi dans ce ſiecle où l'on doit étendre la ſuperficie aux dépens de la profondeur, on ne pouvoit faire un meilleur choix pour l'éducation d'un jeune homme ſur lequel on a de grandes vues. Certains pédans fatiguent, par amour-propre, leurs nouvelles connoiſſances, d'un étalage pompeux de leur mérite, & leur font, pour ainſi dire, paſſer d'abord en revue tout ce qu'ils ſavent. M. Dornel en agit à peu près de même à mon égard, mais je m'apperçus bientôt que ſon but étoit de me ſonder & de ſe mettre à l'uniſſon avec moi. Mon air ſérieux ſans doute l'engagea à débuter par des matieres abſtraites. Au premier cri de l'innocente créature dont nous formions le cortege, il m'échappa une réflexion ſur le paſſage du néant à la vie & ſur la tranſition contraire. C'eſt, me dit-il, une ſource qui s'écoule & qui ſe tarit enfin. La vie conſiſte dans le mouvement; ſans fluide il n'y a point de mouvement, l'état de fluidité eſt le ſeul dans lequel la matiere puiſſe ſe mouvoir. Un corps où le fluide n'exiſte point dans la quantité néceſſaire pour que ſes parties puiſſent ſe replier les unes ſur les autres, eſt incapable de vivre. L'arbre le plus compact a ſes parties intérieures dans une agitation continuelle en raiſon des fluides dont elles ſont pénétrées. Un membre privé de la quantité d'humeurs qui étoit néceſſaire pour entretenir cette agitation interne qui conſtitue la vie, eſt dans un état de mort. La mort n'eſt cauſée que par l'interruption de la circulation de ces humeurs. Le feu & les corps qui lui doivent leur état de fluidité ſont dans un état de vie; rapprochez-les d'une organiſation propre à produire les effets qui manifestent la vie ; & vous aurez un corps vivant soit animal, soit insecte, soit plante, suivant la structure de la machine ; joignez y une ame, ce sera un homme...

Il étoit tems que M. Dornel fit entrer l'ame pour quelque chose, dans son systême. Je ne fus pas tenté de lui en demander le développement, & il se garda bien de m'en laisser naître l'idée ; en un instant il me promena de la métaphysique aux pieces nouvelles, des petits théatres à la musique, à la chymie, à l'opera, aux beaux arts & à la politique. La littérature du jour me parut son fort : il me nomma cent ouvrages tout nouveaux dont on ne se doute pas ; la plupart brochures dont j'ai appris depuis qu'il étoit l'auteur. Il me vanta sur-tout un livre de la plus grande importance prêt à sortir des presses clandestines. C'est, me dit-il, le *portefeuille de l'Abbé T...* production précieuse dans ce moment où il s'agit très-sérieusement de circonscrire l'autorité que la cour de Rome a usurpée. Il faut se rappeller que le pape fut fort étonné à son arrivée à Vienne, de trouver le ministere aussi bien instruit qu'il l'étoit de ses vues & des moyens qu'il se proposoit d'employer. Voici comment les choses se passoient. L'abbé T.... secrétaire du nonce communiquoit depuis huit mois à la chancellerie d'état, des copies de la correspondance officielle & particuliere du pape & de ses ministres ; on y voyoit le fort & le foible de la cauſe du ſucceſſeur de S. Pierre, ſes plans de défenſe & ſes reſſources. PIE VI s'apperçut dès ſon premier entretien avec l'empereur, qu'il avoit été trahi. La vérité fut bientôt découverte, on penſa plus qu'aux moyens de punir le coupable. Il falloit pour y parvenir toutes les manœuvres de l'aſtuce italienne. Le nonce ne ſuſpendit point ſes témoignages de bienveillance envers ſon ſecrétaire, de ſorte que celui-ci l'accompagna ſans défiance juſqu'à Veniſe. Là S. E. lui dit que, voulant récompenſer ſes bons offices, elle lui accordoit un emploi à Montefiaſcone où eſt ſon évêché, & qu'elle y joignoit une penſion de mille écus. L'abbé T... part avec une lettre de ſon maître pour le prévôt de Montefiaſcone. En route il conçoit quelque ſoupçon. *Nourri dans le ſerail, il en ſait les détours.* Il ouvre la lettre & voit qu'en la portant il iroit au devant de la punition due à ſon infidélité. On doit penſer qu'il ne ſe ſoucioit pas de remettre de pareilles lettres de créance. La poſte lui paroiſſoit trop lente pour le ramener à Vienne. En effet le nonce qui le faiſoit toujours ſurveiller, ayant été informé de ce qui ſe paſſoit, avoit dépêché à ſon auditeur un courier qui devança T... de 24 heures & qui apportoit l'ordre de lui refuſer l'entrée de la nonciature, T.... n'ayant pu, de gré ni de force, pénétrer dans l'hôtel pour en retirer ſes papiers & ſes effets, ſe préſenta devant l'empereur qui le renvoya au prince de Kaunitz. Le chancelier d'état lui promit sa protection ; & le maréchal de la cour fut chargé d'arranger cette affaire avec l'auditeur qui rendit à l'ex-secrétaire les effets qui lui appartenoit personnellement, & garda, comme de raison, tout ce qui avoit quelque rapport avec les affaires de l'ambassade. Cet événement a fait du bruit dans le tems, & une sensation désagréable dans le corps diplomatique dont chaque membre sent qu'il lui en pend à l'oreille autant qu'au nonce G...

Croyez-vous donc, dis-je à M. Dornel, que l'éditeur du portefeuille a réussi à se procurer les papiers remis à la chancellerie d'état par le secrétaire infidele & ceux qui sont restés à la nonciature. — Eh qu'importe, M., me répondit le gouverneur, si ces pieces sont autentiques ou non ? le point est qu'elles soient imaginées avec esprit. La vérité ne fait rien à la chose lorsqu'on a l'art d'intéresser le lecteur. Interrogez l'historien, interrogez le romancier, ils vous feront la même réponse. Jouissons sans nous embarrasser si l'on nous trompe, & lorsque la confiance peut augmenter nos plaisirs, livrons-nous-y sans examen.

Je voulois observer que cette regle peut être utile aux maris, aux amans, & dangereuse en fait d'histoire & de politique ; il me ferma la bouche en m'opposant les succès des testamens politiques d'Alberoni, de Richelieu, de Bellisle & de cent autres, même des productions historiques de Voltaire. Croyez-vous, ajouta-t-il, que le bonheur de nos neveux puisse être intéressé à la connoissance des lettres du comte de Gortz que l'on nous cache en publiant la correspondance de M. de Rayneval avec ce ministre ? que la sagesse des gouvernemens à venir dépende des lumieres exactes sur la marche des négociations, même des événemens qui rameneront le Stadhouder à la Haye ou qui le renverront en Allemagne ? soit ignorance soit partialité, les historiens ne sont jamais véridiques. Autant vaut s'amuser des fruits d'une belle imagination que de se laisser abuser par des mensonges intéressés. Lisez les gazettes de chacun des deux partis qui divisent la Hollande ; vous auriez tort de ne pas préférer à leurs désespérantes contradictions un roman bien fait qui les mettroit d'accord. Les faits principaux sont les seuls sur lesquels il est important de savoir la vérité afin de ne pas éprouver la même mortification qu'un *tablomane* auquel on apprend qu'un tableau dont la possession l'enorgueillit n'est qu'une copie de peu de valeur. Toujours douter ou tout croire est l'alternative à laquelle on est réduit en lisant l'histoire. On vient de m'annoncer une tuerie entre les paysans Stadhouderiens & les bourgeois patriotes à *Goes* ; ces derniers ne manquent pas de crier que cet acte de violence *raffermit de plus en plus dans l'esprit de tous les bons citoyens l'aversion d'une cause qui se défend par de pa-*

reils moyens ; mais on ne doit pas ſe flatter de ſavoir poſitivement quels ont été les agreſſeurs. Qu'importe après tout encore une fois ? le fait eſt que les choſes s'arrangèront. Un Batave reſpectable & bien inſtruit m'écrit à ce ſujet dans les termes ſuivans : » Les troubles dont on fait tant de bruit dans l'étranger n'ont encore eu, graces à Dieu, aucune ſuite funeſte pour la tranquillité publique. » Dans quelques villes, il eſt vrai, le menu » peuple a laiſſé éclater l'eſprit de ſédition » dont il eſt animé, mais généralement les » affaires ne ſont pas auſſi fâcheuſes qu'on les » repréſente, & chaque particulier qui veut » vivre en paix peut être aſſuré que perſonne » ne viendra le chagriner. La prétendue émi» gration dont nos rivaux ont fait trophée eſt » une chimere. Je crois bien que, quand l'un » des partis qui diviſent la république aura » pris aſſez de prépondérance pour faire la » loi, les têtes les plus échauffées du parti » contraire pourront pouſſer l'obſtination juſ» qu'à renoncer à leur patrie & aller vivre » ſous une domination étrangere, mais je ne » crois pas que le nombre en ſoit bien grand, » ni ſur-tout que des gens aiſés ſe portent à » cette extrêmité... Il paroît que le ſucceſſeur » du grand *Fredéric* eſt bien décidé à ſui» vre ſes traces & fait ceder au bien général » ſes ſentimens particuliers, ſe contentant de » l'aſſurance poſitive qui lui a été donnée que » le Stadhouderat ſeroit maintenu dans ſes

» justes prérogatives. Si les nouvelles qui se ré-
» pandent à ce sujet sont authentiques, comme
» on a lieu de le croire, il n'est pas douteux
» que la tranquillité renaisse promptement. »

Sur le voyage de l'empereur à Cherson sur celui-même de l'impératrice de Russie, sait-on à quoi s'en tenir, saura-t-on jamais ce qui se sera passé entre ces augustes personnages, s'il a lieu; a-t-on jamais bien sû ce qui s'est traité à l'entrevue de Mohilow? beaucoup de gens croyent encore que l'impératrice de Russie n'ira pas plus loin que Kiow. Un beau roman sur tout cela ne vaudroit-il pas mieux que les conjectures & les contradictions des gazetiers? le lecteur qui y ajouteroit foi n'auroit rien à désirer.

Rejettons-nous donc, interrompis-je, sur les anecdotes dont la vérité est indifférente, car je ne puis me résoudre à repaître ma curiosité de mensonges, dans les matieres d'une plus grande importance. Le feu prit, ces jours derniers à Londres dans une maison attenante au théatre de *Drurylane*, ce qui donna les plus grandes alarmes à la foule de spectateurs qui remplissoit la salle. Une des avenues du parterre se trouva bloquée par l'incendie, & la principale l'étoit par une affluence innombrable. M. King directeur du spectacle, crut nécessaire d'avertir le public du danger, & il le fit avec tout le ménagement possible. Mais les précautions qu'il prit pour ne pas alarmer le public, n'empêcherent pas le tumulte. Plusieurs femmes s'évanouirent & les filoux firent une prodigieuse récolte ; la recette fut pillée par un tas de brigands qui forçoient les portes d'un côté pour se faire rendre de l'autre l'argent des places qu'ils n'avoient pas payées... Enfin on apprit que le danger n'étoit pas pressant, ce qui arrêta les progrès de la confusion.

M. Dornel me rappella à cette occasion une anecdote de *Garrick* qui, dans une circonstance pareille, après avoir épuisé tous les moyens raisonnables de calmer l'assemblée, essaya la plaisanterie & dit, en affectant de rire lui-même : *Au reste, mesdames & messieurs, comptez sur les secours les plus efficaces ; en mettant les choses au pis, je vous répons que nous ne serons pas grillés. Il y a assez d'eau dans nos citernes pour nous noyer tous, si nous n'avons pas d'autre moyen d'échapper au feu....* D'après mes principes, ajouta le gouverneur, je ne doute point de la vérité de cette anecdote, car je l'ai lue dans les papiers anglais. Je viens d'y voir un autre trait singulier. « Un grand seigneur s'étant apperçu qu'on avoit détruit une quantité considérable de gibier sur ses terres, envoya chercher un fameux braconier du voisinage, & lui permit de tuer tous les lievres qu'il trouveroit sur ses biens, dans une espace de tems qu'il lui fixa. Cet homme en tua à peu près cent cinquante qu'il alla vendre à ses anciens chalands, dans les environs, à un prix très-modique. Enſuite cet honnête braconier alla les dénoncer tous à un juge de paix. L'amende de cinq guinées prononcée contre chacun des acheteurs, ſuivant la loi, a produit une ſomme d'environ 150 guinées dont le délateur doit toucher la moitié. Ce tour ingénieux & délicat portera dans le canton un coup terrible aux ſpéculations des braconiers. »

En vérité, continua M. d'Ornel, je trouve que nos chers compatriotes montrent un très-grands ſens, lorſqu'on les voit ſe délaſſer avec des hiſtoriettes & des calembours plutôt que de s'épuiſer vainement à chercher le nœud des intrigues politiques. La folie dont on les accuſe eſt une très-grande ſageſſe. Rêveries pour rêveries, les plus gaies ſont les meilleures ; une chanſon, un jeu de mots offrent au moins quelque choſe de réel ; le plaiſir de rire. Il y a bien quelques ſots qui ſe déſolent de ne point ſavoir préciſément quels ſont les grands projets qui ont donné lieu à l'importante démarche de la convocation des notables : ce qui me fait croire que nous avons plus de raiſon & de philoſophie qu'on ne nous en ſuppoſe, c'eſt que le plus grand nombre s'occupe à en plaiſanter. Le premier échevin, qui fait partie de cette auguſte aſſemblée, ſe nomme GOBELET : *Voilà*, dit-on, *bien des cruches pour un* Gobelet.... Il eſt marchand de bas. — *Dans les délibérations*, ajoute le calembour, *il parlera bas & il opinera du bonnet.* — *Ce n'eſt point*, a dit un cauſtique; *une cour de notables*, *mais une* cour de notés, à cauſe de perſonnages dont le nom a été compromis dans quelques affaires déſagréables. — *Si l'on y donne liberté de conſcience & de façon de penſer, ſi toutes les ſectes ſont admiſes dans le royaume, nous ſerons dévorés de puces. — Pourquoi donc, les puces appartiennent elles à quelque ſecte ? — Eh ſans doute : à la ſecte d'Epicure... (des piqûres.)*

LA NOUVELLES

DU JOUR.

Ce miniſtre qui a fait la paix de 1783, ſéparé les colonies anglaiſes de la metropole, humilié les rivaux de la France, délivré de chaînes honteuſes notre marine & nos ports, formé des traités avantageux de commerce avec la plupart des puiſſances, de l'europe, même avec nos ennemis, détaché la Hollande de ſes alliés naturels, traverſé les deſſeins des nôtres ſans détruire les liens qui les attachent à nous, manié ſans ceſſe les fils des plus puiſſans intérêts ſans qu'aucun ſe rompe entre ſes mains, appaiſé de grands différends ſans compromettre la dignité ni le repos de ſa patrie, qui a mérité & obtenu le beau titre de *Pacificateur de l'europe*, ce miniſtre qui, depuis l'avénement du roi au trône, a poſſédé ſa confiance ſans interruption, & ne s'eſt jamais attiré de reproches d'un maître bon, mais juſte & ſévere (*); qui n'a rien eſpéré ni craint de

(*) Louis XVI en fait quelquefois de très-vifs à ſes miniſtres dans le conſeil ; il ne manquoit jamais d'ajouter : *Ce n'eſt pas de vous que je parle, M. de Vergennes !*

l'intrigue & de la cabale ; qui, souvent contrarié, a su, sans trop s'écarter de ses principes, rendre ce qu'il devoit à ceux qui en avoient d'opposés aux siens ; qui a fait tant de choses extraordinaires & auquel on a refusé, peut-être avec raison, du génie & de grands talens ; M. le comte de Vergennes enfin vient de mourir comblé de gloire.

Le public n'a point eu le tems de s'épuiser en spéculations sur cet événement important. Le roi a prévenu par une nomination prompte & inattendue, les sollicitations & les mouvemens qu'excite toujours la vacance d'un aussi beau poste à remplir. Le département des affaires étrangeres a été donné à M. le comte de Montmorin, comme autrefois l'ambassade d'Espagne. Ce ministre, ami du roi dès sa tendre jeunesse, sera, comme celui qu'il remplace, le modérateur des partis qui divisent le conseil, de ceux peut-être qui partagent l'europe. Il paroît qu'il n'y aura rien de changé dans le systême de la France. Les principes du maître n'ont pas cessé de lui servir de base.

Ainsi l'olivier que M. de Vergennes a planté ne perdra rien de sa verdeur. L'amour de la religion & des mœurs qui préside à notre gouvernement, continuera d'assurer le bonheur général, au milieu de la corruption du siecle.....

Je faisois ces réflexions, lorsque M. Dornel vint me voir : croyez-vous donc, me dit-il, il, que la religion ſoit néceſſaire au maintien des mœurs & du bon ordre ? — Sans doute, répondis-je. — De grands hommes, reprit-il, ont été d'un avis différent ; & l'expérience prouve que les plus honnêtes gens ne ſont pas toujours les plus religieux & que les plus religieux ne ſont pas toujours les plus honnêtes. On m'a raconté une converſation très-piquante à ce ſujet, de M. Diderot avec madame la maréchale D***. femme auſſi reſpectable que dévote, choſe aſſez rare.

Après quelques diſcours vagues ſur le penchant naturel qui peut porter l'homme au bien, & ſur la force que ce penchant peut recevoir d'une bonne éducation, indépendamment de toute idée de religion, M. Diderot fut ſerré de ſi près par la maréchale qu'il s'engagea une ſérieuſe controverſe — madame, dit le philoſophe, y a-t-il quelque bien dans ce monde-ci, qui ſoit ſans inconvénient ? — aucun. — Et quelque mal qui ſoit ſans avantage ? — aucun. — Qu'appellez-vous donc mal ou bien --- ? Le mal, ce ſera ce qui a plus d'inconvénient que d'avantage, & le bien au contraire ce qui a plus d'avantage que d'inconvénient. — Madame la maréchale aura-t-elle la bonté de ſe ſouvenir de la définition du bien & du mal ? — Je m'en ſouviendrai. — Ainſi vous êtes perſuadée que la religion a plus d'avantage que d'inconvénient, & c'eſt pour cela que vous l'appellez un bien ? — Oui. — Pour moi, je ne doute pas que votre intendant ne vous vole un peu moins la veille de pâques que le lendemain des fêtes & que de tems en tems la religion n'empêche nombre de petits maux & ne produise nombre de petits biens. — Petit à petit cela fait somme. — Mais croyez-vous que les terribles ravages qu'elle a causés dans les tems passés & qu'elle causera dans les tems à venir, soient suffisamment compensés par ces guenilleux avantages là ? Songez qu'elle a créé & qu'elle perpétue la plus violente antipathie entre les nations. Il n'y a pas un Musulman qui n'imaginât faire une action agréable à Dieu & au S. Prophete en exterminant tous les chrétiens qui de leur côté ne sont gueres plus tolérans. Songez qu'elle a créé & perpétué dans une même contrée des divisions qui se sont rarement éteintes sans effusion de sang. Notre histoire ne nous en offre que de trop récens & de trop funestes exemples. Songez qu'elle perpétue dans la société entre les citoyens, & dans les familles entre les proches, les haines les plus fortes & les plus constantes. Le Christ a dit qu'il étoit venu pour séparer l'époux de sa femme, la mere des enfans, le frere de la sœur, l'ami de l'ami, & sa prédiction ne s'est que trop verifiée. — Voilà bien les abus, mais ce n'est pas la chose. — C'est la chose si les abus en sont inséparables. — Et comment me montrerez-vous que rien au monde ne peut écarter ces abus? — Très-aiſément. Dites moi, ſi un miſanthrope s'étoit propoſé de faire le malheur du genre humain, qu'auroit-il pu inventer de mieux que la croyance en des choſes incompréhenſibles ſur leſquelles les hommes n'auroient jamais pu l'entendre & auxquelles ils auroient attaché plus d'importance qu'à leur vie? or eſt-il poſſible de ſéparer de certains dogmes l'incompréhenſibilité la plus profonde & l'importance la plus grande? --- Non. ---- Concluez donc. --- Je conclus que c'eſt une idée qui n'eſt pas ſans conſéquence dans la tête des fous. --- Et ajoutez que les fous ont toujours été & qu'ils ſeront toujours le plus grand nombre, & que les plus dangereux ſont ceux que la religion fait, & dont les perturbateurs de la ſociété ſavent tirer bon parti dans l'occaſion. ---- Mais il faut quelque choſe qui effraye les hommes ſur les mauvaiſes actions qui échappent à la ſévérité des loix, &, ſi vous détruiſez la religion, que lui ſubſtituerez vous? — Quand je n'aurois rien à mettre à ſa place, ce ſeroit toujours un terrible préjugé de moins, ſans compter que dans aucun ſiecle & chez aucune nation, les opinions religieuſes n'ont ſervi de baſe aux mœurs nationales. Les dieux qu'adoroient ces vieux grecs & ces vieux romains, les plus honnêtes gens de la terre, étoient la canaille la plus diſſolue; un jupiter à brûler tout vif, une venus à renfermer à l'hôpital, un mercure à mettre à Bicêtre. ---- Et vous penſez qu'il eſt tout-à-fait indifférent que nous ſoyions chrétiens ou payens, que payens nous n'en vaudrions pas moins & que chrétiens nous n'en valons pas mieux ? .... Mais, madame, eſt-ce qu'il y a des chrétiens ? je n'en ai jamais vu. ---- Et, c'eſt à moi que vous dites cela ? à moi ? ---- Non, madame, ce n'eſt pas à vous, c'eſt à une de mes voiſines qui eſt honnête & pieuſe, comme vous l'êtes, & qui ſe croyoit chrétienne de la meilleure foi du monde, comme vous le croyez. ---- Et vous lui fîtes voir qu'elle avoit tort ? ---- En un inſtant. ---- Comment vous y prîtes-vous ? ---- J'ouvris un nouveau teſtament dont elle s'étoit beaucoup ſervie, car il étoit fort uſé. Je lui lus le ſermon ſur la montagne, & à chaque article, je lui demandai : faites-vous cela, & cela donc ? & cela encore ? j'allai plus loin. Elle eſt belle, & quoiqu'elle ſoit très-dévote, elle ne l'ignore pas ; elle a la peau très-blanche, & quoiqu'elle n'attache pas un grand prix à ce frivole avantage, elle n'eſt pas fâchée qu'on en faſſe l'éloge ; elle a la gorge auſſi bien qu'il eſt poſſible de l'avoir, &, quoiqu'elle ſoit très-modeſte, elle trouve bon qu'on s'en apperçoive. ---- Pourvu qu'il n'y ait qu'elle & ſon mari qui le ſachent ! ---- Je crois que ſon mari le ſait mieux qu'un autre, mais, pour une femme qui ſe pique de grand chriſtianiſme, cela ne ſuffit pas. Je lui dis : n'eſt-il pas écrit dans l'évangile que celui qui convoite la femme de ſon voiſin, a commis l'adultere dans le cœur ? ---- Elle vous répondit qu'oui. ---- Je lui dis : & l'adultere commis dans le cœur ne damne-t-il pas auſſi sûrement que l'adultere le mieux conditionné ? ---- Elle vous répondit encore qu'oui ? je lui dis : Et ſi l'homme eſt damné pour l'adultere qu'il a commis dans le cœur, quel ſera le ſort de la femme qui invite tous ceux qui l'approchent à commettre ce crime ? cette derniere queſtion l'embarraſſa. -- Je comprens : c'eſt qu'elle ne voiloit pas exactement cette gorge qu'elle avoit auſſi bien qu'il eſt poſſible de l'avoir. ---- Il eſt vrai. Elle me répondit que c'étoit une choſe d'uſage comme ſi rien étoit plus d'uſage que de s'appeller chrétien & de ne l'être pas ; qu'il ne falloit pas ſe vêtir ridiculement, comme s'il y avoit quelque comparaiſon à faire entre un miſérable petit ridicule, ſa damnation éternelle & celle de ſon prochain ; qu'elle ſe laiſſoit habiller par ſa couturiere, comme s'il ne valoit pas mieux changer de couturiere que renoncer à ſa religion ; que c'étoit la fantaiſie de ſon mari, comme ſi un époux étoit aſſez inſenſé pour exiger de ſa femme l'oubli de la décence & de ſes devoirs, & qu'une véritable chrétienne dût pouſſer l'obéiſſance pour un époux extravagant juſqu'à ce ſacrifice de la volonté de ſon Dieu & au mépris des menaces de ſon rédempteur. ---- Je ſavois d'avance toutes ces puérilités là ; je vous les aurois peut-être dites, comme votre voiſine ; mais elle & moi nous aurions été toutes deux de mauvaiſe foi. Et quel parti prit-elle d'après votre remontrance ? --- Le lendemain de cette converſation, c'étoit un jour de fête ; je remontois chez moi, & ma dévote & belle voiſine deſcendoit de chez elle pour aller à la meſſe..... ---- Vêtue comme de coutume ? -- - vêtue comme de coutume. Je ſouris, elle ſourit, & nous paſſâmes l'un à côté de l'autre ſans nous parler... Une honnête femme, une chrétienne, une dévote ! après cet exemple & cent mille autres de la même eſpece, de bonne foi, madame la maréchale, quelle influence réelle puis-je accorder à la religion ſur les mœurs ?..

On nous interrompit à propos. Je commençois à admirer la patience de madame la maréchale & à trouver long le récit de M. d'Ornel. L'arrivée du docteur lui en fit remettre la continuation à une autre fois, & nous enfonça dans la politique.

Les événemens imprévus viennent toujours fort à propos pour tirer les nouvelliſtes d'affaire, quand ils ont fait de fauſſes ſpéculations. Souvent ils ne font qu'accumuler leurs erreurs & entaſſer rêveries ſur rêveries en chantant la palinodie de celles qu'ils avoient voulu accréditer. Tel pourroit bien être en ce moment le cas du docteur & de ſes pareils. Il prétend que cette nouvelle ſurprenante dont les gazettes flattent notre curioſité pour la fin de février, ſera une levée de bouclier du roi de Pruſſe en faveur du Stadhouder. Il ajoute, en s'appuyant ſur des comparaiſons de dattes, que ce n'eſt point à moitié-chemin, mais dans la Tartarie même que Joſeph & Catherine ſe verront, & que leurs projets communs de conquête dans le levant éclateront au même inſtant. En effet des marches de troupes, des formations de magazins, ſemblent donner quelque probabilité à ces conjectures, mais.....

Le docteur ne manque pas d'attribuer ce changement entier de la face des affaires à la mort de M. de Vergennes prévue depuis quelques mois.

De tous les bavardages du docteur, je n'ai retenu que des anecdotes. » Le roi d'Angleterre, nous dit-il, s'amuſe beaucoup du ſurnom qu'on lui donne de *George le Fermier*. S. M. a raconté elle-même, étant à dîner chez le lord Harcourt à *Newham*, le trait ſuivant qui lui étoit arrivé dans le voiſinage de *Windſor*. Ce prince dit que, ſe promenant un jour de grand matin hors du château, il rencontra un homme qui conduiſoit un troupeau de très-beaux moutons, & qu'il demanda au conducteur s'ils étoient à vendre : Non, répondit le ruſtre. -- Où allez-vous les conduire, lui dit le roi ? --- chez le *fermier George*. Eh, qui eſt ce *fermier George*, répliqua le roi ; je connois tous les fermiers du voisinage.. --Comment, lui dit le berger, vous ne connoissez point le *fermier Georges*! il demeure dans cette grosse & grande maison (en lui montrant le château.) On l'appelle aussi *le roi* ; mais nous autres, nous ne l'appellons que *le fermier George*. «

» La comtesse de C.... entendoit vanter dans un grand souper, la bienfaisance de l'archevêque de Paris. On disoit que ce prélat l'étendoit jusqu'à l'infortunée comtesse *de la Motte* à laquelle il envoyoit deux louis tous les mois. ---- *Mon cœur*, dit-elle, *suffit à peine au plaisir qu'il éprouve ; car l'objet des soins charitables de M. l'archevêque prouve qu'il n'y a plus de pauvres dans son diocese*. On n'a peut être jamais fait d'épigramme plus fine & plus ingénieuse. »

» Un chef de voleur nommé *Hanickel*, qui a été arrêté derniérement à *Sulz* sur le Necker, a avoué qu'il étoit l'auteur du vol fait, il y a quelques années, aux juifs *Hirzel*, à *Mitteibromm* en Lorraine. On n'eût rien de plus pressé que d'en informer le juge de cet endroit. Il a répondu que cet avis venoit trop tard, sept bourgeois de l'endroit ayant déja expié le crime dont *Hanickel* prouve qu'il est seul coupable. Quatre de ces malheureux ont été pendus, & trois envoyés aux galeres ; le tout en vertu d'une sentence confirmée par le parlement de *Metz*.... Et l'on n'osera pas élever la voix contre ces assassinats juridiques que notre code criminel renouvelle tous les jours !... Et des hommes qui se targuent du titre de protecteurs des opprimés, oseront en prendre la défense ! »

Il y a à *Clermont en Auvergne* une société que l'on appelle *société de gens de lettres.* Ce sont des voleurs qui écrivent aux particuliers de cette ville, qu'ils doivent porter telle somme à des endroits désignés ou s'attendre à périr par le feu, le fer ou le poison. On les a épiés & l'on n'a fait encore que des démarches inutiles pour saisir quelqu'un de ces brigands.

LE COIN

DE LA CHEMINÉE.

La marquiſe eſt entrée en poſſeſſion de tous les droits d'une mere de famille. Dès qu'elle a pu recevoir ſes proches, le préſident a été mandé avec la comteſſe. La chronique avoit jaſé ſur leur compte; la préſidente avoit fait quelques plaintes, & la marquiſe s'étoit chargée de *remettre ces enfans dans le bon chemin*. Le préſident m'a fait lui-même le récit de cette ſcene. — « Votre chere couſine, me dit-il, remplit à merveille ſon grave emploi. De ma vie, je n'ai entendu un plus beau ſermon; mais celui-là ne m'a pas endormi. Pendant que l'aimable prêcheuſe épuiſoit tous les lieux communs de la morale, j'ai trouvé le moyen de gliſſer une lettre à la comteſſe. On avoit eu le ſecret de la rendre inabordable pour moi depuis quelques jours. Je commençois à la perdre de vue; il falloit cette occaſion pour nous rapprocher. »

En quittant le préſident, j'entrai chez la marquiſe, & je ne manquai pas de la féliciter ſur la converſion miraculeuſe qu'elle venoit de faire. --- » Hélas, me dit-elle, il n'eſt que de ſavoir s'y prendre. La comteſſe eſt aussi sage que belle ; j'avoue qu'elle convenoit mieux à un homme d'esprit qu'une provinciale qui n'a appris au couvent qu'à faire d'insipides bavardages ; mais *Honni soit qui mal y pense....* »

Je ne sais qui avoit rapporté à la marquise ma conversation avec M. Dornel. Le monde est plein de gens qui, n'ayant rien à dire d'eux-mêmes, sont comme le registre de ce que savent les autres. Ils sont dans la société ce que la table est à la fin d'un livre. Il fallut que je répétasse ce que M. Dornel m'avoit raconté de l'entretien de *Diderot* avec la maréchale D***. On le fit venir pour en savoir la suite.

M. Dornel arriva. « La maréchale, nous dit-il, demanda à Diderot s'il étoit bien tranquille dans son incrédulité. --- On ne sauroit davantage. --- Pourtant si vous vous trompiez ? --- Quand je me tromperois ? --- Tout ce que vous croyez faux seroit vrai, & vous seriez damné, M. Diderot : c'est une terrible chose que d'être damné ! brûler toute une éternité, c'est bien long. --- La Fontaine croyoit que nous y serions comme le poisson dans l'eau. --- Oui, mais votre *la Fontaine* devint bien sérieux au dernier moment, & c'est où je vous attends. --- Je ne réponds de rien quand ma tête n'y sera plus ; mais si je finis par une de ces maladies qui laissent à l'homme agonisant toute sa raison, je ne serai pas plus troublé au moment où vous m'attendez qu'à celui où vous me voyez. --- Cette intrépidité me confond. --- J'en trouve bien davantage au moribond qui croit à un juge sévére qui pese jusqu'à nos plus secretes pensées, & dans la balance duquel l'homme le plus juste se perdroit par sa vanité, s'il ne trembloit de se trouver trop léger.... Si ce moribond avoit alors à son choix ou d'être anéanti ou de se présenter à ce tribunal, l'intrépidité qui le feroit balancer à prendre le premier parti me confondroit bien autrement, à moins qu'il ne fût plus yvre de son mérite que *Bohola*. --- J'ai lu l'histoire de l'associé de Bruno, mais je n'ai jamais entendu parler de votre Bohola. --- C'est un jésuite du college de *Preska* en Lithuanie qui laissa en mourant une cassete pleine d'argent avec un billet écrit & signé de sa main. --- Et ce billet?... --- étoit conçu en ces termes: *Je prie mon cher confrere, dépositaire de cette cassete, de l'ouvrir lorsque j'aurai fait des miracles. L'argent qu'elle contient servira aux frais du procès de ma béatification; j'y ai ajouté quelques mémoires authentiques pour la confirmation de mes vertus & qui pourront être utiles à ceux qui entreprendront d'écrire ma vie.* --- Cela est à mourir de rire. --- Pour moi, madame, mais pour vous, vos prêtres n'entendent pas raillerie... Mad. la maréchale, il est bien facile de pécher grievement contre votre loi. --- Il est vrai. --- Et si vous en croyez les oracles de votre religion sur le nombre des élus, il eſt bien petit. --- Oh, je ne ſuis pas janſéniſte, je ne vois la médaille que par ſon revers conſolant. --- Damnez-vous Socrate, Phocion, Ariſtides, Caton, Trajan, Marc-Aurele? -- Fi donc! Il n'y a que des bêtes féroces qui puiſſent le penſer. S. Paul dit que chacun ſera jugé par la loi qu'il a connue, & S. Paul a raiſon. --- Et par quelle loi l'incrédule ſera-t-il jugé? --- Votre cas eſt un peu différent, vous êtes un de ces habitans maudits de *Corozaïn* & de *Betzaïde* qui fermerent leurs yeux à la lumiere de la vérité & qui étouperent leurs oreilles pour ne pas entendre la voix de la vérité qui leur parloit. --- Mad. la maréchale, ces Corozaïnois & ces Betzaïdois étoient des hommes comme il n'y en eut jamais que là, s'ils furent maîtres de croire ou de ne pas croire; ils virent des prodiges qui auroient mis l'enchere aux ſacs & à la cendre s'ils avoient été faits à Tyr & à Sidon. --- C'eſt que les habitans de Tyr & de Sidon étoient des gens d'eſprit & ceux de Corozaïn & de Betzaïde étoient des ſots. --- Eſt-ce que celui qui fit les ſots les punira pour avoir été ſots? --- Je vous ai fait tout-à-l'heure une hiſtoire, & il me prend envie de vous faire un conte. --- Faite votre conte. --- Un jeune mexicain las de ſon travail ſe promenoit un jour au bord de la mer; il vit une planche qui trempoit d'un bout dans les eaux & qui de l'autre poſoit ſur le rivage. Il s'aſſied ſur cette planche, & de-là prolongeant ſes regards ſur la vaſte étendue qui ſe déployoit devant lui, il ſe diſoit : Rien n'eſt plus vrai que ma grand'mere radote avec ſon hiſtoire de je ne ſais quels habitans qui, dans je ne ſais quel tems aborderent ici de je ne ſais où, d'une contrée au-delà de nos mers. Il n'y a pas le ſens commun ; ne vois-je pas la mer confiner avec le ciel ? Et puis-je, contre le témoignage de mes ſens, croire une vieille fable dont on ignore la date, que chacun arrange à ſa maniere, qui n'eſt qu'un tiſſu de circonſtances abſurdes ſur leſquelles ils ſe mangent le cœur & s'arrachent le blanc des yeux ? Tandis qu'il raiſonnoit ainſi, les eaux agitées le berçoient ſur ſa planche, & il s'endormit. Le vent s'accroît, le flot ſouleve la planche ſur laquelle notre jeune raiſonneur s'étoit étendu, & le voilà embarqué en dormant. --- Hélas ! c'eſt bien-là notre image ; nous ſommes chacun ſur notre planche, le vent ſouffle & le flot nous emporte. --- Il étoit déja loin du continent lorſqu'il s'éveilla. Qui fut bien ſurpris de ſe trouver en pleine mer ? Ce fut notre Mexicain. Qui le fut bien davantage ? ce fut encore lui lorſqu'ayant perdu de vue le rivage ſur lequel il ſe promenoit il n'y a qu'un inſtant, la mer lui parut confiner avec le ciel de tous côtés. Alors il ſoupçonne qu'il pourroit bien s'être trompé, & que ſi le vent reſtoit au même point, peut-être ſeroit-il porté ſur la rive & parmi ces habitans dont ſa grand'mere l'avoit ſi ſouvent entretenu. ---

Et de ſon ſouci, vous ne m'en dites mots?-- Il n'en eut point; il ſe dit, qu'eſt-ce que cela me fait pourvu que j'aborde? J'ai raiſonné comme un étourdi, ſoit; mais j'ai été ſincere avec moi-même, & c'eſt tout ce qu'on peut exiger de moi. Si ce n'eſt pas une vertu que d'avoir de l'eſprit, ce n'eſt pas un crime que d'en manquer. Cependant le vent continuoit, l'homme & la planche voguoient & la rive inconnue commençoit à paroître; il y touche & l'y voilà. --- Nous nous y reverrons un jour, M. Diderot. --- Je le ſouhaite, Mad.; en tel endroit que ce ſoit, je ſerai toujours très-flatté de vous faire ma cour. A peine eut-il quitté ſa planche & mis le pied ſur le ſable, qu'il apperçut un vieillard vénérable debout à ſes côtés; il lui demanda où il étoit & à qui il avoit l'honneur de parler. Je ſuis le ſouverain de la contrée, lui répondit le vieillard; à l'inſtant le jeune homme ſe proſterne. Relevez-vous, lui dit le vieillard. Vous avez nié mon exiſtence. --- Il eſt vrai. --- Et celle de mon empire. -- Il eſt vrai. --- Je vous pardonne, parce que je ſuis celui qui voit au fond des cœurs, & que j'ai lu au fond du vôtre que vous étiez de bonne foi, mais le reſte de vos penſées & de vos actions n'eſt pas également innocent. Alors le vieillard qui le tenoit par l'oreille, lui rappeloit toutes les erreurs de ſa vie, & à chaque article le mexicain s'inclinoit, ſe frappoit la poitrine & demandoit pardon... Là, Mad. la maréchale, mettez-vous pour un moment à la place du vieillard & dites-moi ce que vous auriez fait. Auriez-vous pris ce jeune insensé par les cheveux & vous seriez-vous complue à le traîner à toute éternité sur le rivage ? --- En vérité non. --- Si un de ces six jolis enfans que vous avez, après s'être échappé de la maison paternelle & avoir fait force sottises y revenoit bien repentant ?--- Moi, je courrois à sa rencontre, je le serrerois entre mes bras & je l'arroserois de mes larmes ; mais le maréchal son pere ne prendroit pas la chose si doucement. --- M. le maréchal n'est pas un tigre. --- Il s'en faut bien.--- Il se feroit peut-être un peut tirailler, mais il pardonneroit. --- Certainement. --- Sur-tout s'il venoit à considérer qu'avant de donner la naissance à cet enfant il en savoit toute la vie, & que le châtiment de ses fautes seroit sans aucune utilité ni pour lui-même ni pour le coupable ni pour ses freres. --- Le vieillard & M. le maréchal sont deux. --- Vous voulez dire que M. le maréchal est meilleur que le vieillard ? --- Dieu m'en garde ! --- Je veux dire que si ma justice n'est pas celle du maréchal, la justice du maréchal pourroit être celle du vieillard --- Ah, madame, vous ne sentez pas les suites de cette réponse. Ou la définition générale de la justice convient également à vous, à M. le maréchal, à moi, au jeune Mexicain & au vieillard, ou je ne sais plus ce que c'est, & j'ignore comment l'on plaît ou l'on déplaît à ce dernier... L'entretien fut interrompu

rompu ici par l'arrivée de M. le maréchal.

La curiosité de la marquise étant satisfaite, le besoin de sermoner reprit le dessus. J'espere, dit-elle à M. Dornel, que ce ne sont pas là les instructions que vous donnez à votre éleve.... Ah ! madame, répondit-il, combien ne seroit-il pas à désirer que l'on pût inspirer aux jeunes-gens l'amour du bien, celui de la vertu, indépendamment de toute idée d'intérêt ! mais je ne suis ici qu'historien, & je crois qu'à la place de Mad. la maréchale, j'aurois fait au philosophe des réponses qui eussent ébranlé sa fermeté. L'incrédulité, quand elle est de bonne foi, n'est pas un mal incurable. Il n'est gueres de circonstances dans la vie qui ne nous prouve l'incertitude de nos jugemens. Vous-même, peut-être, Mad..., vous n'avez jamais cru à la réalité du voyage de l'empereur dans le levant, & cependant... Vous ne me persuaderez pas, reprit la marquise, que ce monarque aille dans la crimée pour ajouter encore par sa présence, à la gloire du couronnement de l'impératrice! Si, contre toute apparence, il fait ce long voyage, il faudra croire aux grands projets regardés jusqu'ici comme des rêveries de nouvellistes. JOSEPH a toujours été en avance avec son alliée; s'il conserve des vues sur les trois provinces ottomanes au nord du Danube, c'est le tour de CATHERINE de les lui procurer, & c'est bien assez d'aller jusqu'à Kiow pour régler ses comptes....

M. Dornel prétendit que l'aſſurance de la ſucceſſion au trône de Pologne pour le jeune comte de Poniatowski, entroit au nombre des objets de cette entrevue; la marquiſe ſoutenoit qu'en ce cas il falloit ſuppoſer un nouveau partage de la Pologne, & enfin l'imagination joua un ſi beau rôle dans cette diſcuſſion, que je vis ſucceſſivement dans la même ſoirée, le ſingulier contraſte du penchant de l'homme à tout croire & à tout nier.

Eh bon Dieu, m'écriai-je, pourquoi chercher ſi loin matiere à vos ſpéculations! Telle confiance que nous inſpire la ſageſſe de notre gouvernement, n'avons-nous pas ſous les yeux des objets qui nous touchent de bien plus près. Apprenez-nous quels ſeront ceux des délibérations de cette grande aſſemblée nationale qui va s'ouvrir. Parlons du nouveau miniſtre dans les mains duquel vient d'être remiſe la bouſſole de la politique.

Quant au premier point, dit M. Dornel, il eſt parfaitement connu. Le progrès des lumieres a fait ſentir la néceſſité de réformer pluſieurs loix & de jetter les fondemens d'un nouveau code civil & criminel. Ces changemens & ceux que l'on projette dans les parties d'adminiſtration même dont les fils partent immédiatement du trône, exigent une nouvelle appréciation du droit d'enregiſtrement que s'arrogent les cours ſouveraines. L'enregiſtrement ne doit point être ſupprimé, mais on fera paſſer en regle fondamentale ce principe de nos adminiſtrateurs qu'il eſt ſimplement une forme de promulgation, un moyen d'aſſurer la publicité de la loi. On examinera le bilan de l'état, la poſſibilité d'un impôt territorial, les travaux faits juſqu'à ce moment pour la formation d'un cadaſtre, & conſéquemment les moyens de faire rentrer à moins de frais dans les coffres du roi le tribut de la nation. On arrêtera la ſuppreſſion des douanes & des péages intérieurs du pays; on cherchera des reſſources ſûres & propres à diminuer les charges du peuple, dans la faculté de vendre les domaines de la couronne, après avoir fait rentrer ceux qui ont été aliénés à des conditions onéreuſes. L'établiſſement d'aſſemblées provinciales diviſées en aſſemblées de villages & de diſtricts y ſera réſolu. Ces aſſemblées ſeront chargées de la répartition de l'impôt que ſupporteront tous les ordres de citoyens indiſtinctement. Le clergé ſera ſoumis à la loi naturelle qui oblige tout membre d'une ſociété à ſupporter ſa portion des charges publiques. On exigera de lui le ſacrifice d'une partie de ſes poſſeſſions pour éteindre ſa dette. On donnera aux proteſtans l'état civil que la juſtice & l'humanité réclament pour des ſujets utiles auxquels on devroit à la rigueur des réparations & des dédommagemens. On examinera le projet d'une caiſſe d'emprunt perpétuelle ſur hypotheque, qui encouragera l'agriculture, préviendra les ravages de l'uſure, ſoutiendra les grandes familles & éclairera les fortunes ; enfin on agitera la grande queſtion de l'utilité des colonies, des réglemens qui leur conviennent & des moyens de faire fleurir le commerce.

La nation ne doit point héſiter dans le jugement qu'elle portera de M. le comte de Montmorin. L'ami de *Louis XVI.* eſt celui de ſon peuple. Une probité ſévere, l'amour du travail, une maniere d'être ſérieuſe & réfléchie, voilà les traits qui caractériſent le nouveau miniſtre.

L'ASSEMBLÉE
DE NOTABLES.

C'eſt ainſi, & non *l'aſſemblée des notables* que l'on doit nommer l'eſpece de diette nationale qui vient d'ouvrir ſes ſéances. *Si j'avois voulu*, a dit le roi, *convoquer tous les notables de mon royaume, mes palais n'auroient pas été aſſez grands pour les contenir.*

Le jeudi 22 février 1787, le roi ayant été entendre la meſſe dans la chapelle en bas du château, accompagné de MONSIEUR, de monſeigneur comte d'*Artois*, du duc d'*Orléans*, du prince de *Condé*, du duc de *Bourbon*, du prince de *Conty* & du duc de *Penthievre*, qui, ainſi que S. M., étoient vêtus en habits de cérémonie, revint dans ſon cabinet. S. M. ſorti de chez elle pour ſe rendre à l'aſſemblée, dans ſon grand caroſſe accompagné d'un détachement de 48 gardes du corps & précédé de détachemens des gendarmes & des chevau légers, chacun de 25 hommes. La fauconnerie marchoit immédiatement devant la voiture de S. M. & derriere celle du ſervice dans laquelle étoient le prince de *Lambeſc*, grand-Écuyer de France, le duc de *Coigny*, premier écuyer de S. M., le duc de *Fleury*, premier gentilhomme de la chambre, représentant le grand Chambellan, le duc de *Liamcourt*, grand-maître de la garderobe de S. M., le duc d'*Ayen*, capitaine des gardes du corps & le duc de *Brissac*, capitaine-colonel de *Cent Suisses*.

Le roi étant placé dans la salle où étoient rassemblées les personnes convoquées, a ouvert la séance par le discours suivant.

» Messieurs, je vous ai assemblés pour » vous communiquer mes projets pour le sou» lagement de mes peuples, à l'exemple de » plusieurs de mes prédécesseurs & sur-tout » de celui dont le nom paroît le plus cher » à la nation. J'ai cherché dans les constitu» tions de la monarchie les moyens d'établir » une plus juste répartition d'impôts, de sup» primer les droits les plus onéreux, d'établir » un meilleur ordre dans l'administration de mes » finances; ce n'est qu'après un mûr examen » que j'ai déterminé les mesures qui vous se» ront communiquées de ma part pour par» venir à ce but; j'ai lieu d'attendre de vo» tre zele qu'empressés de répondre à mes » vues paternelles pour mes peuples vous » écarterez tout intérêt particulier & que vos » observations tendront toutes au bien pu» blic. Mon garde des sceaux vous expli» quera mes sentimens. »

M. le garde des sceaux s'exprima ainsi:

» S. M. depuis son avénement au trône » n'a cessé de s'occuper des grands intérêts

» de ſon royaume ; les événemens de ſon » regne en ſont la preuve. Les tribunaux ré» tablis dans leur premier luſtre, la fidélité » à tous les engagemens précédens, une » marine rendue formidable, la liberté des » mers aſſurée, une paix ſolide ayant ter» miné une guerre honorable, le commerce » favoriſé & étendu par des traités, les en» couragemens donnés à l'agriculture, la » paix aſſurée à l'europe par l'appareil de » ſa puiſſance, & la ſageſſe de ſa médiation: » tel eſt le tableau qui doit inſpirer à la na» tion la plus grande confiance & la plus » grande reconnoiſſance. Mais il reſtoit à S. » M. à remédier à des maux faits pour af» fliger ſon cœur, & concilier ce que les » beſoins de l'état exigent avec le deſir » qu'elle a toujours eu de ſoulager ſes peu» ples. S. M. dès le commencement de ſon » regne, a montré par le retranchement » qu'elle a fait dans ſa propre maiſon, ſon » amour pour ſes peuples. Les projets qu'elle » fera communiquer à cette aſſemblée en » feront un nouveau témoignage & elle at» tend avec confiance de tous les ordres » des obſervations qui portent en même » tems l'empreinte du zele & de la reconnoiſ» ſance.

» Miniſtres éclairés d'une religion dont elle » veut toujours être le ſoutien ; vous accou» tumés à verſer votre ſang pour la défenſe » de la patrie, & qui devez aux actions de

» vos yeux, votre illustration, vous lui offrez encore la sagesse de vos avis, lorsqu'elle » vous appelle à ses conseils : magistrats » chargés des fonctions les plus essentielles » de l'autorité souveraine, & de la noble » prérogative de faire parvenir jusqu'au trône » les besoins des peuples ; vous, députés des » différentes parties du royaume, vous la seconderez tous dans les vues paternelles qui » l'animent pour le bien d'une nation distinguée par l'amour réciproque du souverain » & de ses sujets. »

M. de Calonne a pris la parole après M. le garde des sceaux. Il a parlé avec tout l'esprit, toute la sagacité qu'on lui connoît, mais il a paru prolixe. Son discours qui a duré cinq quarts d'heure, étoit divisé en trois parties ; dans la premiere, ce ministre a rendu compte de son administration, c'est à dire qu'il en a fait l'apologie ; dans la seconde, il s'est étendu sur la nécessité de travailler à une réforme générale dans les finances ; il a remonté jusqu'aux tems du gouvernement féodal, des expéditions en Asie ; il a parlé des guerres civiles, de celles de religion, sous Henri IV. & ses successeurs, qui ne lui permirent point de s'occuper de cette opération importante réservée à la sagesse du monarque qui préside l'assemblée. M. de Calonne a ensuite passé en revue tous les administrateurs des finances depuis le commencement de ce siecle ; il a observé que, sous le ministre du cardinal de Fleury, la dépense excéda la recette, de plus de 30 millions, que cet excédent s'est accru successivement & a été porté jusqu'à 60 millions, que, sous M. Turgot, il n'a été que de 30 millions, qu'après la retraite de M. Necker, il s'est monté à 50 millions & que maintenant il est de 80 millions. Enfin dans la troisieme partie de son discours, M. de Calonne a indiqué huit moyens de réformer les abus de la finance.

Le garde des sceaux est remonté au trône prendre les ordres du roi, &, étant redescendu, il a dit que S. M. permettoit aux députés des ordres de l'état de parler ; il a annoncé que l'assemblée se diviseroit en sept bureaux, où chacun des notables pourroit donner son avis & faire ses observations ; il a ajouté que l'intention de S. M. étoit que les assemblées fussent fréquentes & se tinssent sans interruption, défendant à tous les membres de s'en absenter, sous telle raison que ce fût.

M. d'Aligre, premier président du parlement de Paris se leva aussitôt & prononça, dans l'attitude la plus humble, les protestations les plus fortes de soumission & d'obéissance de la part de son corps.

M. de Dillon archevêque de Narbonne, portant la parole pour le clergé, paroissoit écouter avec impatience M. le premier président. A peine celui-ci eut-il fini qu'il fit ce discours où l'on reconnoîtra facilement qu'il ne s'étoit point préparé à faire briller son éloquence.

» Sire, si nous eussions pu prévoir que
» quelques-uns de ceux qui composent cette
» illustre assemblée, pussent offrir à V. M.,
» des remercimens & des hommages, le pre-
» mier ordre de votre royaume se seroit fait
» une gloire & un devoir de n'être prévenu
» par personne. Nous supplions V. M. de
» nous permettre de mettre à ses pieds
» l'impression qu'a fait naître dans nos ames
» le spectacle aussi auguste qu'imposant de
» cette assemblée & sur-tout l'amour & la
» respectueuse reconnoissance qu'elle inspire
» envers le souverain qui a bien voulu la con-
» voquer & la présider. »

La séance se termina ainsi vers deux heures après-midi, & le roi retourna au château avec le même cortege qui l'avoit accompagné. Aussi-tôt que le monarque eût quitté la salle, on enleva le dais, le trône & l'estrade, parce que S. M. ne présidera que les dernières séances, dans lesquelles on fera le résumé de toutes les délibérations.

La marquise m'avoit fait promettre de l'instruire de tous ces détails. Un cercle de raisonneurs politiques ne tarda pas à se former chez elle. Bientôt on nous apprit que les propositions du contrôleur-général avoient été mal accueillies dans les comités. Mille difficultés avoient paru s'opposer à l'exécution de ſes différens projets. Le Docteur lui-même convint que cette convocation étoit une ſpéculation manquée. On en fait de plus sûres en allemagne, ajouta-t-il ; écoutez, madame la marquiſe, la nouvelle la plus sûre, la plus fraîche, la plus inattendue, dont on puiſſe vous faire hommage. Il a vaqué une prébende dans le chapitre de Mayence ; à qui penſez vous qu'elle eſt conférée ?.... Au prince *Frédéric-Louis de Pruſſe*, ſecond fils du roi. Il embraſſe la religion catholique, & ce n'eſt certainement pas pour devenir ſimple tréfoncier. Nous ne tarderons pas à le voir coadjuteur.

--- Ainſi, obſerva la marquiſe, la rivalité des cours de Vienne & de Berlin n'eſt donc pas éteinte comme on l'avoit cru.

--- Le roi de Pruſſe, reprit le docteur, fait en même tems marcher des troupes du côté de Weſel ; il ne paroît point que l'amour de la paix porte *Frédéric Guillaume* à faire aucun ſacrifice de ſes intérêts, de ceux qui lui ſont chers. D'autre part les projets des cours impériales ſur le levant touchent à leur maturité ; à moins que *Joſeph* ne ſoit détourné de ſon voyage par les entrepriſes de ſes rivaux en allemagne, il partira inceſſamment pour aller tracer lui-même la ligne qui doit ſéparer ſes états de ceux de Mahomet. On aſſure que l'Hoſpodar de Valachie étoit à la veille de traiter avec ce monarque, de la même maniere que *Sahin*-

Gheray a traité avec la Russie, lorsque la porte ottomane a été instruite de la négociation. *Nauro-Cordato* a été obligé de prendre la fuite, avant d'avoir la satisfaction de remettre ses états entre les mains de son nouveau protecteur; mais *Joseph* sait faire valoir ses droits. Plusieurs lettres du levaut annoncent que ses troupes sont à la veille d'entrer dans cette principauté.

Je vous ai déja dit, continua le docteur, que les évêques de l'Allemagne vouloient secouer le joug des archevêques, comme ceux-ci secouent celui de la cour de Rome; ils vont envoyer à Spire des députés pour tenir des conférences à ce sujet. Tous les fils de la politique sont tendus: cette année doit amener de grandes révolutions dans tous les genres...

— Pourquoi donc, interrompit la comtesse, les feuilles publiques sont-elles d'une aridité désespérante? des circonstances aussi intéressantes que vous nous les dépeignez, l'attente d'événemens de la premiere importance... en vérité, docteur, il y a de quoi exalter l'imagination au plus haut degré. Si je tenois la plume dans l'un de ces greffes subalternes de l'histoire, je ne serois embarrassée que d'en arrêter le cours, & je ne l'employerois point à raconter des historiettes comme la plupart des gazetiers du jour.

— Ah, ma chere niece, s'écria le commandeur, je demande grace pour l'histoire de la pauvre *Boby*. C'est, ma foi, un drame entier que je préfere à toutes les rêveries creuſes de vos nouvelliſtes qui ſe mêlent de ce qui ne les regarde point.

» Une fille de dix-huit ans, le jour même de ſon mariage, voit périr ſous ſes yeux celui qu'elle aime, atteint d'un violent mal de gorge. L'infortunée ſe tranſporte au cimetiere, ſelon l'uſage du pays, à la ſuite du convoi; & depuis cette époque, elle eſt parvenue à ſa cinquantieme année ſans avoir quitté un ſeul moment la ſépulture de ſon ami. Elle s'y eſt conſtruite elle même une petite cabane de branchages & de chaume. C'eſt là qu'aſſiſe ſur un banc, un de ſes pieds poſé toujours ſur la pierre tombale de ſon prétendu, elle paſſe les jours & les nuits, le printems & l'automne, l'été & l'hyver, à regarder d'un œil fixe le triſte objet de ſa peine. Touchés de ſon état d'où l'on n'a pu la tirer, les habitans du hameau voiſin prennent ſoin d'elle & lui portent réguliérement ſon plat de gruau, nourriture ordinaire dans ce canton. C'eſt une grande femme à longs cheveux, elle a la peau blanche & très-fine. Elle ne prononce à tout venant que ce mot écoſſois *Boby* (deux liards). Quand on lui fait cette aumône elle la met en réſerve pour ſe procurer un jour quelque piece d'habillement. Sa cabane eſt couverte de neige pendant les deux tiers de l'année; car elle habite un pays très-élevé, & la pauvre *Boby* (c'eſt le ſobriquet qu'on lui a donné) n'a jamais de feu & ne ſe plaint jamais. Elle n'est pas folle tout à fait ; mais elle n'est pas non plus tout à fait raisonnable. Si on hasarde quelques questions sur son état ; elle ne répond que par un geste ; elle montre de la main son pied posé sur la pierre sépulcrale, & vous regarde fixement : la pauvre *Boby* ne verse point de larmes ; mais ce récit muet en fait toujours répandre. »... A propos, docteur, faites votre profit d'une autre aventure qu'on nous raconte. Deux petites filles viennent de périr près de Lyon par une cause fort singuliere. Elles étoient habituellement dans un moulin dont leur pere est fermier, & dans l'endroit nommé *Battoir*, où se fait la préparation du chanvre destiné à la filature ; exposées ainsi à respirer les petites aiguilles qui s'échappent en poussiere, la trachée-artere, l'ésophage, les vaisseaux de la circulation, en étoient surchargés. On ne s'en est apperçu que lorsque ces matieres leur sortirent par les yeux, par les oreilles & par les pores. On connoît assez les maladies qu'entraînent certaines professions ; celles des peintres, des fondeurs, des mineurs, &c., mais, docteur, vous & vos pareils vous ignorez ou vous feignez d'ignorer celles qui résultent d'une infinité d'habitudes que les hommes contractent soit à raison du genre d'industrie auquel ils s'adonnent, soit pour multiplier leurs plaisirs. J'ai vû, dans les cas de maladie, le médecin défendre l'usage du vin, du café, des liqueurs ; il croyoit sa conscience ou sa gloire intéressée à écarter ce qui pouvoit nuire à la cure qu'il avoit entreprise, mais il est rare qu'un ministre d'Esculape use de ses droits pour défendre l'usage habituel du tabac, l'abus du vin, la pratique des corps meurtriers de baleine, &c.

Pourquoi, dit le docteur, ne nous consulte-t-on que pour guérir & non pour prévenir les maladies, & pourquoi de toutes les maladies les préjugés d'habitude sont-ils peut-être la seule incurable ? la science échoue contr'eux, & le savant même ne peut s'y soustraire.

LES CONFIDENCES.

La marquiſe. Je deſirois depuis long-tems, ma chere comteſſe, de m'entretenir ſeule avec vous. Les premiers tems de la maternité m'ont ſouſtraite à cette foule accablante d'êtres nuls qui compoſent nos ſociétés. Je goûte de vrais plaiſirs dans la retraite; ils devront un nouveau charme à votre amitié, à nos épanchemens reciproques.

La comteſſe. Bon Dieu, ma chere, quel changement s'eſt donc fait en vous? cette foule que vous nommez accablante étoit pourtant formée de beaux-eſprits dont vous admiriez les productions, de plaiſans qui vous réjouiſſoient, de nouvelliſtes........ Ah, pour ceux-ci, vous leur ferez grace, ma chere marquiſe!

La marquiſe. Vous l'avouerai-je, comteſſe? j'étois excédée du vuide des converſations, ennuyée des calembours éternels de vos prétendus génies, révoltée des méchancetés dont on a l'odieuſe idée de croire notre ſexe avide.... C'eſt de dépit que je m'étois jettée dans la politique. Peut-être mon amour propre étoit-il ſéduit par la ſublimité de la matiere à laquelle je croyois atteindre; je me flattois d'acquérir des connoiſſances ſolides, de nourrir ma curioſité par des faits réels....

réels..... Hélas j'ai trouvé un bien plus grand vuide encore. La ſociété eſt un commerce continuel de menſonges & d'illuſions ; les gens qui nous entourent les multiplient, ſoit pour briller, ſoit même pour nous plaire, & le réſultat de tout ce travail eſt le déſeſpoir de s'être livré à des chimeres futiles.

La comteſſe. Eh qu'importe pourvu qu'on ſe ſoit amuſé ! êtes-vous donc abſolument dégoûtée des nouvelles & des nouvelliſtes ?

La marq. Au dernier point. Il eſt auſſi extravagant de vouloir pénétrer les ſecrets des ſouverains que celui des loix qui ſuſpendent le ſoleil & les aſtres dans l'eſpace.

La comt. Marquiſe, la comparaiſon n'eſt pas juſte, & après tout, j'ai entendu dire que l'on expliquoit à merveille l'ordre incompréhenſible de cet univers.

La marq. Oui, ſans doute on explique tout par des ſuppoſitions, & bientôt de nouvelles découvertes ou ſeulement des hypotheſes plus ſpécieuſes, viennent détruire le ſyſtême dont on faiſoit ſon bonheur. Quand on veut expliquer ce qu'on ne comprend pas, on ne fait que des ſuppoſitions abſurdes. La nature & les ſouverains ſemblent ſe jouer également de nos efforts pour les déviner. Ma chere comteſſe, notre jugement s'égare toujours quand nous voulons lui ſoumettre ce qui eſt au deſſus de nous ou hors de notre ſphere. L'homme qui, de tous les dons qu'il a reçus, n'a cultivé que la force de ſes membres, ne peut avoir que de fausses idées de toutes les opérations intellectuelles ; le citadin qui obéit à des fils dont l'origine échappe à sa vue, se trompe sur l'impulsion qu'il suit aveuglement ; le magistrat qui soumet tout à la marche obscure & incertaine des loix, le mathématicien & tous les hommes qu'absorbe un seul objet, déraisonnent en appliquant à tout les notions dont ils sont pénétrés ; le prince même, qui accoutumé à tout vaincre, à tout dompter par son autorité, ou par l'or ou par les armes, est souvent tenté de dévoiler & d'imiter les opérations de la nature, est forcé de reconnoître son insuffisance.

La comt. Il me paroît, ma chere marquise, qu'en abandonnant la politique vous vous êtes jettée à corps perdu dans la philosophie.

La marq. Non, ma chere, je vous dirai bientôt mon secret. Il est désespérant de promener ses regards dans une carriere où ils sont continuellement déçues par des illusions d'optique qui souvent ne sont remplacées que par de nouvelles illusions. Nous avons cru les liens des deux cours impériales relâchés, on prétend maintenant qu'unies ensemble plus étroitement que jamais, elles vont exécuter leurs projets de conquêtes dans le levant ; l'Autriche & la Prusse se rapprochoient, disoit-on ; les plans de celle-ci sur la coadjutorerie de Mayence ont prouvé le contraire ; nous nous sommes épuisés en spéculations sur ce nouveau contrepoids placé dans la balance politique de l'Allemagne, & l'on assure qu'il n'y a rien de fait, que le coup est détourné ; des marches de troupes prussiennes ont fait jetter le cri de guerre à tous les nouvellistes ; il se trouve qu'on a confondu des arrangemens intérieurs pour la distribution des régimens prussiens avec des dispositions hostiles auxquelles on n'a jamais pensé : il est au contraire vraisemblable que la concorde est à la veille de répandre de nouveau ses bienfaits sur la Hollande ; un arrangement à peu près satisfaisant pour les deux partis, est prêt à se conclure entre le stadhouder & ses compatriotes....

La comt. Et moi je trouve ces variations charmantes. La politique, telle qu'on la voit dans nos cercles, est un spectacle tantôt comique, tantôt tragique, qui se renouvelle à chaque dénouement & où l'incertitude augmente souvent l'intérêt. D'ailleurs c'est un jeu où il y a alternativement du haut & du bas pour chacune des parties intéressées, des feintes, des retours, des mutations dont je ne suis pas surprise que vous ayiez pu vous amuser.

La marq. Non, parce que le spectateur est lui-même plus ou moins intéressé à l'action. Le tableau que vous venez de tracer est à peu près celui des liaisons de cœur. Pensez-vous, comtesse, que ces variations y répandent de l'agrément ?.... Mais vous rougissez !

La comt. Ah, ma chere marquise, pardonnez-moi, consolez-moi : voyez la lettre que m'écrit le monstre, ce portrait qu'il me renvoie.

La marq. Le tort, ma chere amie, est d'avoir eu la foiblesse de le donner. Celui qui vous fait réparer ce tort, malgré vous il est vrai, peut-il vous paroître un monstre ? Oublions, chere comtesse, la politique & l'amour ; nous sommes l'une & l'autre meres de famille ; occupons-nous de nos devoirs ; ils suffisent pour nous occuper l'esprit & le cœur ; l'intérieur de nos maisons doit être l'univers pour nous. La foi doit nous guérir de toute inquiétude sur ce qui se passe au dehors ; croyons que les loix divines & humaines sont les meilleures qui puissent exister ; que les hommes à qui les rênes des empires sont confiées possedent toutes les lumieres & toutes les vertus.

La comt. Qui doit être plus disposé à le croire qu'un français, ma chere & indulgente marquise ? on vient de me raconter un trait de *Louis XVI*, qui m'a émue jusqu'aux larmes. Le 27 février, trois inconnus se sont présentés à l'hôtel-Dieu avec un ordre de M. l'archevêque pour que toutes les salles leur fussent ouvertes & qu'on leur donnât tous les éclaircissemens qu'ils pourroient desirer. La sœur qui m'a fait le récit, désigne sous le nom de *gros Homme*, celui de trois curieux qui faisoit le plus de questions. Il importuna tellement une servante grossiere qu'elle lui dit qu'elle avoit bien autre chose à faire que de lui répondre & qu'ils pouvoient tout savoir puisque tout étoit ouvert devant eux. Ces trois observateurs paroissoient émus de la plus vive compassion à la vue des malades entassés les uns sur les autres ; le *gros homme* sur-tout avoit l'air à la fois indigné & attendri ; ils parloient très-bas les uns avec les autres ; enfin ils sont sortis & remontés dans le carosse de place qui les avoit amenés. Le *gros homme* étoit coëffé d'une perruque ronde, très-mal peignée, & vêtu d'une méchante redingote. Une femme qui le vit monter en voiture remarqua qu'il avoit plusieurs montres : *celui-là*, dit-elle, *devroit bien vendre une de ses horloges pour acheter une autre redingote.* Le second & le troisieme étoit dans un costume à peu près semblable. On assure que c'étoit le roi, monseigneur comte d'Artois & le capitaine des gardes.

La marq. Le trait peint bien la bonté active de notre monarque ; mais en falloit-il d'autre exemple que la démarche qu'il vient de faire pour recueillir les avis de son peuple, avant d'exécuter les projets que sa sagesse a conçus ?

La comt. Sans doute il est fâcheux que les notables oublient que cette convocation n'a pas pour objet de leur mettre la main au timon des affaires, qu'il ne s'agit pas de juger s'il convient ou s'il ne convient pas de faire ce qui est projetté, mais seulement d'indiquer qu'elle eſt la maniere de s'y prendre qui ſera la plus agréable à la nation. On aſſure que les ſéances les plus agitées du parlement d'Angleterre ne ſont pas plus orageuſes que l'ont été juſqu'ici celles de cette mémorable aſſemblée. On y diſtingue, comme à Londres, le parti de la cour & celui de l'oppoſition. A propos connoiſſez-vous la plaiſanterie qui court à ce ſujet ſous le titre de BAROMÈTTRE DU JOUR.

Le peuple au très-ſec.
Le roi au beau fixe.
La ferme au variable.
Le parlement à la pluie.
Le contrôleur-général à l'orage.
Le clergé à la tempête.

La marq. Cette aſſemblée me paroît un nouvel exemple de cette variation continuelle dont nous nous plaignions tout à l'heure dans les choſes humaines. Depuis pluſieurs ſiecles, tout en France a paru tendre au raffermiſſement du deſpotiſme, & voilà une aſſemblée générale, des adminiſtrations provinciales, qui retracent les anciens états ou, pour me ſervir de votre comparaiſon, qui rappellent l'idée du parlement britannique.

La comt. Je croyois, ma chere marquiſe, que vous aviez entiérement renoncé à la politique. J'ai encore une confidence à vous faire.

La marq. Quoi, ma chere comteſſe, ouvrez votre cœur à votre meilleure amie.

La comt. C'eſt que je ne crois pas du tout que nos miniſtres veuillent affoiblir le moins du monde l'autorité dont ils ſont dépoſitaires. Je me perſuade que cette opération eſt le réſultat de deux plans qui étoient oppoſés l'un à l'autre. Le bien, le mal & le remede, tout eſt enſemble.

La marq. Voilà qui eſt profond, madame la comteſſe ; je croyois que ces ſpéculations ſavantes vous paroiſſoient indignes de fixer la vivacité de votre eſprit.

La comt. Ne vous fâchez pas, marquiſe, ou je douterai de votre guériſon. Sans être aſtronome on peut s'intéreſſer au cours du ſoleil. Pour me venger de vos épigrammes contre mon eſprit, je vais encore intéreſſer votre cœur. En Provence, ſous ce climat où les paſſions ſont ſi vives, le reſſentiment, l'eſprit de vengeance viennent de s'évanouir devant des ſentimens d'humanité. Ce monſtre qui a aſſaſſiné ſon épouſe d'une maniere ſi atroce, le préſident d'Entrecaſteaux, mort, il y a quelque tems, en Portugal, a laiſſé deux filles que le crime de leur pere ne fait que rendre plus intéreſſantes. La famille de leur mere & celle du coupable ſe ſont concertées ſur les moyens de détruire l'opprobre dont l'injuſtice de nos préjugés les couvre. Elles ſont convenues de ſe réunir pour obtenir la caſſation de l'arrêt du parlement qui a condamné à la roue un ſcélérat qui n'exiſte plus, & il eſt naturel que le parlement d'Aix se prête à ce moyen d'effacer la tache imprimée sur la mémoire d'un de ses membres.

La marq. Je dois avouer que cette cassation d'un arrêt juste mais qui ne remédie plus à rien, sera une fraude louable. Le célebre gouverneur de *Gibraltar* ne mériteroit, ce me semble, pas moins que les malheureuses demoiselles d'Entrecasteaux, que l'on fît en sa faveur une exception à la loi, s'il est vrai que, comme on l'accuse, il ait fait dans la détresse où cette place s'est trouvée, des spéculations d'intérêt peu convenables à son rang. On dit qu'il a été présenté au roi une requête contenant ces imputations contre lui; il me semble qu'il y auroit de l'ingratitude à la recevoir & qu'il n'y auroit point d'injustice à la rejetter.

La comt. Les Anglois se piquent d'une justice exacte & févere, sans égards pour les personnes ni pour les titres dont elles se servent ailleurs pour se soustraire à la loi. La loi fait tout en Angleterre.

La marq. Là, comme en d'autres pays, elle est souvent l'instrument des passions, & mille moyens s'offrent pour l'éluder. A propos on m'a raconté un plaisant procès qui vient d'avoir lieu à Londres & un plaisant jugement qui l'a terminé. Un jeune & joli officier de marine a attaqué en justice la comtesse de Crequi-Canople, pour s'être refusée à remplir une promesse de mariage qu'elle lui a faite. L'avocat de la comteſſe a dit que *ce procès étoit d'autant plus extraordinaire que ſa cliente n'étoit ni* jeune ni belle, *qu'il arrivoit aſſez fréquemment que le ſexe le plus foible, guidé par le ſoin de ſon honneur, portoit de ſemblables plaintes dans les cours de juſtice, mais qu'il étoit étrange de voir un officier*, jeune & aimable, *intenter un tel procès contre une dame avancée en âge, que la fortune de ſa cliente pouvoit être ſeule l'objet de la tendreſſe du plaignant, & que ſon but en faiſant la cour à la comteſſe de Créqui-Canople, n'avoit pu jamais être que d'épouſer ſa caſſette.* Les jurés ont adjugé au jeune homme un *Schelling* de dommages & intérêts. La promeſſe n'étoit que verbale, mais quand elle eût été en forme légale, la comteſſe ne pouvoit gueres en effet être condamnée qu'aux frais.

La comt. C'eſt ainſi qu'il faudroit juger le procès de l'égliſe germanique avec la cour de Rome. Des engagemens indiſcrets & ridicules ne peuvent ſubſiſter, mais il en doit coûter quelque choſe pour les rompre.

La marq. A propos, l'on m'a rapporté une réponſe aſſez piquante du nonce du pape à Vienne à un archevêque qui vouloit le forcer de convenir que *la cour de Rome s'étoit horriblement aggrandie.* --- *Oui*, répliqua l'ingégénieux Caprara, & *elle a bien ſervi par là votre ambition, car, ſans l'aggrandiſſement de Rome, vous ſeriez encore de très-petits chapelains.*

La comt. Ce n'eſt que par de ſemblables traits, ma chere marquiſe, qu'il nous convient d'étudier l'hiſtoire & la politique. J'entends le marquis avec le commandeur. Tenez votre parole, & laiſſez-les ſe tourmenter en ſpéculations & en conjectures ſur les affaires d'état, comme je renonce de bon cœur aux paſſions qui font les délices de la jeuneſſe & le malheur du reſte de la vie.

LES RÊVES.

Les beaux projets de la marquiſe ne tiendront pas contre l'empire de l'habitude & de la curioſité. La politique qu'elle repouſſe dans le jour reprend tous ſes droits pendant ſon ſommeil. Ce matin elle m'a raconté un rêve qui ne pouvoit éclore que d'une imagination extrêmement préoccupée. Elle croyoit aſſiſter à des joûtes dont les plus grands perſonnages de l'Europe ſe diſputoient les prix. La force, la juſtice & la liberté étoient les juges, &, comme on le penſe bien, ne pouvoient s'accorder. Le marquis & le commandeur arriverent tandis que la marquiſe ſe complaiſoit dans le prolixe détail de ſon bizarre ſonge. J'en ai fait un, lui dit le commandeur bien plus beau, bien plus clair que le vôtre. J'ai rêvé que j'étois à *Kiow*, témoin de l'entrevue de JOSEPH & de CATHERINE ; une carte blanche du roi *Poniatowſki* étoit ſur la table, avec une liaſſe de projets de manifeſtes & d'inſtructions à des généraux. J'entendis les deux grands ſouverains concerter les projets qui mettent nos eſprits à la torture. Ils déciderent de faire un nouveau partage de la Pologne, d'y former un royaume pour un prince de Toſcane, de s'emparer de toute la Beſſarabie, de la Moldavie, de la Valachie, &

de préparer l'expulsion totale du Turc qu'ils avoient résolu de repousser tôt ou tard en Asie. Le point le plus difficile à régler entr'eux paroissoit être le sort du roi de Pologne actuel. L'un vouloit en faire un courtisan de Vienne avec une forte pension sur le bénéfice qu'il résignoit ; l'autre insistoit à le placer sur le trône de la Moldavie & de la Valachie, dont on pouvoit faire un état indépendant. Un moment après je me trouvai à Cherson & j'allois sans doute être témoin des événemens les plus importans, lorsqu'un maudit chat sautant sur mon pupitre de nuit renversera l'encrier, & je m'éveillai en sursaut, noyé, avec le plus beau de tous les rêves, dans la mer noire.

Mon cher commandeur, reprit le marquis, les songes des gens éveillés ne valent en vérité pas mieux que les vôtres. Un rêveur de cette derniere espece vient de me dire que la politique actuelle du ministere de Versailles cherchoit à unir le Turc avec les deux cours impériales & que les propositions avantageuses qui appuyoient ce nouveau plan étoient la cause des délais & de l'incertitude des voyages projettés dans le levant.

Pour l'amour de mon repos, messieurs, interrompit la marquise, ne me parlez plus de politique, & tâchons de ne faire que des rêves gais & plaisans : notre amour propre est souvent un mauvais guide ; il ne nous conduit pas dans le chemin du bonheur, quand

& nous berce de l'eſpoir de faire de belles découvertes.

Encore un rêve politique, ma chere niece, & je vous tiens quitte, reprit le commandeur. Je m'étois aſſoupi ſur mon canapé & il m'a ſemblé être dans l'aſſemblée de notables. Le roi touché du patriotiſme de ſes ſujets, & ſurpris d'y voir déployer des lumieres, une énergie dont nos détracteurs donnoient, on ne ſait pourquoi, le privilege excluſif aux anglais, y déclaroit qu'il feroit une ſemblable convocation deux fois par an; qu'aucune nouvelle loi n'auroit de vigueur, ſi elle n'étoit revêtue de la ſanction de ces auguſtes aſſemblées, & que le premier objet dont elles auroient à s'occuper, après avoir pourvû aux beſoins preſſans de l'état, ſeroit d'aſſurer aux citoyens la jouiſſance des droits qui appartiennent aux membres d'une ſociété d'hommes libres, gouvernée par un chef que l'amour du bien & du juſte a engagé à ſe dépouiller d'une partie de ſon autorité, pour empêcher que les obſtacles qui éloignent la vérité de tous les trônes, le détournent jamais des voies que ſon cœur a choiſies... Vous auriez tort, ma chere niece, de vous refuſer aux faveurs de Morphée. Aucune jouiſſance ne me paroît au-deſſus des plaiſirs d'un beau rêve. Ses illuſions ne font de mal à perſonne, &, quand on ouvre les yeux, combien n'en rencontre-t-on pas de funeſtes! Si les rêves ſont fâcheux, quel plaiſir ne goûte-t on pas au réveil ? Si l'illusion que m'a faite cet aventurier que j'ai pris pour un comte étranger fort riche, n'avoit été qu'un songe, j'aurois encore les dix mille écus qu'il m'a emportés. Toutes les classes de la société ne sont-elles pas journellement le théatre d'illusions, d'impostures que l'on voudroit bien pouvoir transformer en songes ? savez-vous l'histoire de cette pauvre fille de *Briquemesnil* en Picardie ? un joli cavalier descend à l'auberge du lieu, que tenoit son pere; il s'annonce pour le fils du seigneur de S. Etienne. Le bon aubergiste s'épuise en politesses, en prévenances pour le voyageur qu'il croyoit d'une naissance distinguée. Le drôle savoit que son hôte étoit riche, que sa fille unique seroit bien dotée; il avoit conçu le projet de l'épouser. Pour y parvenir, il composa un roman. Le pere, ambitieux & crédule, étoit facile à séduire. Sa vaniré fut flattée de marier sa fille au fils d'un seigneur de paroisse; l'aventurier devint, pour ainsi dire, le maître dans la maison. Il puisa plusieurs fois dans la bourse de son futur beau pere, & pour détourner les soupçons, il le pria d'écrire à son pere pour l'engager à répondre des sommes dont il lui demandoit l'avance. Un complice répondit comme il convenoit à la lettre de l'aubergiste, qui prêta au jeune seigneur 50 à 60 louis. On s'occupoit des préparatifs du mariage, lorsqu'un voyageur reconnut, dans la personne de l'amant distingué de la fille de l'aubergiste, un pauvre tisserand du canton. Voilà l'imposture découverte ; on courut aux informations, il fut prouvé que l'escroc se nommoit *François Regny* & qu'il étoit de la paroisse d'*Achette*. La maréchaussée l'arrêta, ainsi que son prétendu pere, perruquier avec lequel il avoit concerté son imposture. Le procès des deux coquins a été bientôt fait & *Regny* a été condamné au fouet, à la marque & aux galeres pour trois ans. Je ne sais pourquoi une sentence aussi juste a été adoucie par la chambre des vacations qui a modéré la peine au carcan & à trois ans de bannissement. Le perruquier, quoique coupable d'un faux, comme on vient de le voir, en a été quitte pour l défense de récidiver, sous peine de punition corporelle. Et j'ai vu pendre une servante pour avoir volé une serviette de 20 sols à une maîtresse qui ne lui payoit pas ses gages !.... Ah, mon rêve, mon rêve !

Je voudrois bien, mon cher oncle, dit le marquis, vous voir aux prises avec le président sur cette matiere. Et, dans cette Angleterre que vous vantez tant, n'élude-t-on pas tous les jours la loi, de maniere que de grands ctiminels lui échappent, tandis que de petits coupables éprouvent toute sa rigueur ? quant à la multitude d'impostures & d'illusions qui nous entourent, elles sont une suite nécessaire de nos constitutions, des principes & des usages que nous avons adoptés ; elles entrent au nombre des rapports qui nous lient dans l'état de société. Je conviens que c'eſt un malheur, mais il eſt impoſſible d'imaginer un peuple de philoſophes, d'hommes vrais & dénués de cet égoïſme qui engendre tous les vices. Le beſoin, l'intérêt, rend l'homme impoſteur à ſes propres dépens. Rappellez-vous la pieuſe fraude de ces filles qui alloient ſe proſtituer exprès, pour être admiſes à s'occuper de leur ſalut dans le couvent des filles pénitentes ?

La marquiſe croyoit qu'on lui racontoit encore un rêve ; il fallut lui expliquer l'inſtitution ſinguliere de ce couvent dont les ſtatuts portent qu'on n'y recevra que des filles de mauvaiſe vie, dont les déréglemens ſeront conſtatés par des viſites d'experts. Maintenant, dit la marquiſe, le vice conduit à quelque choſe de mieux qu'à la vie frugale d'une communauté....

On annonça la comteſſe. --- Ma chere marquiſe, dit-elle en entrant, je vous défie de ne point vous remettre tout de bon dans la politique. Y renoncer à cette heure ſeroit quitter la lecture d'un roman quand on arrive au dénouement. Voilà la guerre civile déclarée en Hollande. La ville de Hoorn eſt, au moment que je vous parle, jonchée de cadavres, & Amſterdam peut-être....

Ma niece, interrompit le commandeur, c'eſt-là une triſte réalité qui doit nous faire encore plus regretter que tout ne ſoit pas rêve en ce monde ; au reſte ces mouvemens d'une d'une populace impatiente ne ſignifient rien ; il faut en plaindre les victimes, mais cet événement ne fera qu'accélérer un accommodement qui rétablira bientôt le calme dans ces malheureuſes provinces.

On avoit redouté, continua le commandeur, la journée du 8 Mars, & la tranquillité avec laquelle elle s'eſt paſſée ſembloit un triomphe dont l'humanité s'applaudiſſoit ; le feu couvoit encore ; le 13, il éclata à Hoorn petit ville de la province de Hollande. Le *Corps-Orange* qui y eſt très-nombreux, a fait feu ſur la populace armée. Celle-ci a été forcée de plier ; le conſeil de ville a rendu les ordonnances qui lui ont été dictées par le parti ſtadhoudérien ; la traînée de l'eſprit de ſédition s'eſt enflammée ; le feu s'eſt répandu dans toute la *Nord-Hollande* ; à *Enkuyſen* &, dans un grand nombre de villages, les deux partis ſont aux mains, & l'on craint qu'Amſterdam même ne devienne le théatre de ſcenes ſanglantes. Des veuves & des orphelins atteſtent déja la violence des remedes qui conviennent ſeuls aux maladies des républiques. Au reſte le Stadhouder a fait connoître ſon mécontentement du zele indiſcret de ſes partiſans, & l'on doit eſpérer que cet exemple le déterminera à ſe réſigner enfin aux ſacrifices qui peuvent arrêter le cours de ces meurtres & en prévenir la récidive.

Mais voyez, reprit vivement la comteſſe,

comme ces monstres d'hommes parlent tranquillement de toutes ces atrocités. Je pourrois me mettre en fureur lorsqu'on me dit ; il y a tant & tant d'hommes tués, tant d'autres sur le grabat, tant de pauvres familles dans la désolation, mais tant mieux, c'est-là ce qu'il falloit pour le bien de l'état, pour y rétablir l'ordre & la paix. En vérité je commence à croire que l'homme n'étoit pas plus né pour la société que les ours & les léopards. Les bêtes féroces ne se détruisent pas entr'elles dans leurs forêts, & nous seuls fournissons l'exemple d'animaux de même espece qui s'entrégorgent. Je savois qu'on se battroit en Hollande, oh je m'y attendois ; ce n'est pas que de profondes spéculations comme les vôtres, messieurs, m'ayent révélé les événemens que la marche des choses devoit amener, mais j'ai fait un rêve... L'un vaut bien l'autre.

Bon, nous écriâmes-nous, encore un rêve !

Ne riez pas, MM., reprit gravement la comtesse, mes rêves valent mieux que ceux de vos oracles ; ils n'ont jamais menti. J'étois dans un jardin, au milieu d'arbres chargés de superbes fruits. Tout-à-coup un vent impétueux survient ; ces beaux fruits que j'avois admirés & qui étoient trop élevés pour qu'on pût y atteindre, sont violemment poussés les uns contre les autres ; ils sont froissés & tombent. Au même instant des promeneurs que je n'avois pas apperçus ſe précipitent pour les ramaſſer; le beau tems renaît, je leve les yeux, les arbres n'étoient plus agités que d'un doux zéphyr, mais leur plus bel ornement avoit diſparu.

Le commandeur ne manqua pas de féliciter la comteſſe ſur ſon apologue, en l'aſſurant que s'il s'en étoit déja réaliſé la moitié, il n'en ſeroit pas de même du reſte. On ſe mit à raconter des hiſtoires & voici celles que j'ai retenues.

Trois jeunes demoiſelles à-peu-près du même âge, s'étoient liées de la plus étroite amitié dans un couvent où elles étoient penſionnaires depuis un an ou deux. Elles s'aimoient à tel point, qu'elles réſolurent de ne point ſe ſéparer de leur vie. Une réflexion affligeante vint pourtant troubler la douceur de leur union : leur ſéjour dans ce couvent ne devoit point être éternel, & le moment où leurs parens les rappelleroient pour les marier ſeroit celui d'une cruelle ſéparation. Comment parer ce terrible inconvénient? Leur jeune cervelle s'épuiſa à chercher un expédient. Enfin elles imaginerent que le ſeul moyen d'être unies à jamais, étoit d'épouſer toutes trois le même mari. Mais la légiſlation du pays défend la polygamie : enfin la plus aviſée des trois fit ſonger aux autres qu'il n'y avoit que le *grand Turc* qui pût faire leur affaire. En conſéquence les trois petites demoiſelles écrivent auſſitôt une lettre en commun, dans laquelle elles exposent au *grand Turc*, la tendre amitié qui les unit, la crainte qu'elles ont d'être séparées, & le choix qu'elles ont fait de lui pour être leur commun époux; elles ajoutent, qu'aussitôt leur premiere communion faite, elles se mettont en route pour ses états; qu'en conséquence, il dispose tout pour les recevoir. Les trois amies ravies d'avoir trouvé cet expédient, cachetent la lettre, & la font mettre à la poste avec cette adresse, *à monsieur le grand Turc, dans son sérail, à Constantinople*. Cette adresse ayant paru suspecte, on remit la lettre au ministre, qui en amusa le roi.

Deux dragons déserterent, il y a quelque tems, de la garnison de Betfort en Alsace. Ils entrerent dans la premiere maison qu'ils rencontrerent, pour se procurer de l'argent. C'étoit celle de M. *Muller* & la chambre de mademoiselle sa fille fut celle où ils entrerent d'abord. Les deux drôles déclarent qu'ils ne sortiront pas sans avoir reçu 50 louis; l'un tire un pistolet & couche la fille en joue. L'autre dragon s'approche de la table près de laquelle étoit la jeune personne, &, y posant un pistolet, jure que si son camarade la manque, elle ne lui échappera pas, si les 50 louis ne sont comptés sur le champ. La demoiselle, au lieu d'être intimidée par ces menaces, se leve, s'élance comme un éclair sur le pistolet qui étoit sur la table, fait feu sur le premier dragon qu'elle renverſe à ſes pieds, lui arrache des mains ſon piſtolet, le préſente au dragon qui avoit eu la ſottiſe de quitter le ſien, en le menaçant de lui faire ſauter la cervelle, s'il remue de ſa place. Le bruit de l'arme à feu attire bientôt tous les domeſtiques. Le dragon bleſſé mourut quelques minutes après; l'autre fut ſaiſi & reconduit par la maréchauſſée à ſon régiment, où il a ſubi la punition qui lui étoit due.

LE PRINTEMS.

Il n'eſt point de ſaiſon dont le retour ne nous offre de nouveaux plaiſirs, mais il n'en eſt point dont la fuite ne nous cauſe des regrets. Les jours, en ſe prolongeant, ont déja fait évanouir ces délicieuſes ſoirées d'hiver où l'éclat de cent bougies donne l'apparence de la beauté à tous les objets qu'elles éclairent. C'eſt pour cette raiſon ſans doute que les habitans des grandes villes ſemblent indifférens aux charmes du printems. Pendant la plus belle ſaiſon de l'année, ils ne ſentent que la privation des jouiſſances factices de celle qu'elle remplace.

Hommes ſenſibles, qui n'avez rien perdu des droits que la nature vous a donnés, plaignez-nous ; plaignez les ſeuls êtres inacceſſibles à ce feu créateur qui fait renaître la vie ſur les débris de l'hiver, à cette douce émotion qui vous entraîne lorſque le gazouillement des oiſeaux, le retour du regne de la végétation annoncent une fermentation bienfaiſante & univerſelle !

Eh comment partagerions-nous ces jouiſſances? enfans de l'art, nous ſavons corriger l'intempérie des ſaiſons, & leur influence ne pénetre point dans nos demeures. Tandis que la nature eſt dans un état d'inertie & de mort, nos antichambres retentissent des chants d'oiseaux de toute espece ; les fleurs les plus agréables parfument nos boudoirs ; les fruits de l'été, ceux même des climats brulans mûrissent dans nos étuves. Une douce chaleur concentrée sous des voûtes immenses nous montre, au milieu des frimats & des neiges, la végétation dans toute sa vigueur. Les branches verdoyantes d'arbres qui ne connoissent plus les variations de l'atmosphere, nous y procurent en tout tems les charmes des promenades de l'été ; les fleurs du printems y naissent sous les pas ; de hautes treilles & des espaliers chargés des plus beaux fruits, y étalent en même tems toutes les richesses de l'automne.

Je voyois dans l'un de ces jardins, les premiers développemens de la nature le disputer à ces pénibles productions de l'industrie humaine, lorsque j'apperçus la marquise & la comtesse qui paroissoient savourer un spectacle dont bien peu de leurs pareilles connoissent le prix. J'allai leur présenter des fleurs. La comtesse dont la conversion n'est qu'ébauchée ne put s'empêcher d'éclater & de chanter, en me voyant venir avec mon bouquet, l'air de Nicaise : *Vous voyez bien ce bouquet-ci ; ce ne sont pas des fleurs pour rire.......* --- Méchante, dit la marquise, voilà toute ma journée gâtée ; voulez-vous profaner ce sanctuaire de la nature par l'ironie & la malignité ? Je commence à sentir, chevalier, que les plaisirs après lesquels nous courons dans la société ne valent pas ceux qu'ils nous font abandonner. Comme l'air qu'on respire ici est pur & tranquille ! C'est ici que l'on goûte vraiment le plaisir d'exister ; tout ce qui nous entoure est agréable & bienfaisant.

Mais, ma chere marquise, reprit la comtesse, la gaieté n'est-elle pas dans la nature ? conservons toutes ses impressions, les sentimens qu'elle excite, mais ne dédaignons pas de les exprimer par tous les moyens que nous avons acquis. Elle permet aux brutes mêmes de perfectionner les facultés qu'ils tiennent d'elles. Voulez-vous que nous retournions dans l'état de sauvages ? Qui sait si nos ancêtres n'ont point été des antropophages, plus féroces que les tigres & les ours ! réjouissons-nous de ce que l'état de société a adouci nos mœurs & multiplié nos plaisirs ; & loin d'y renoncer, faisons des vœux pour que les autres animaux se civilisent au point de chanter le vaudeville, d'avoir leurs opera-comiques, leurs lycées, leurs modes, leurs pédans & leurs bouffons. La malignité exclut la méchanceté & le railleur n'est jamais féroce. Si cette métamorphose s'opere, tous les êtres de la nature seront bons : ne voyez-vous pas que dans ce siecle goguenard & malin, notre espece est moins sanguinaire, les disputes moins dangereuses, les guerres plus rares ! Je serois tentée de penser que l'ours *Marco* faisoit quelquefois le plaisant. Connoissez-vous l'ours *Marco ?* --- Non, ma chere. --- C'étoit une bonne perſonne d'ours qui me fait croire que peu à peu les bêtes ſe civiliſeront comme l'homme s'eſt civiliſé. L'ours *Marco* appartenoit à *Léopold*, duc de Lorraine. Pendant l'hiver de 1709, un petit ſavoyard, mourant de froid dans la grange où une bonne femme le couchoit avec quelques-uns de ſes camarades, s'aviſa d'entrer dans la hutte de *Marco*, ne penſant pas au danger qu'il pouvoit courir en ſe mettant à la merci de l'hôte qui l'occupoit. *Marco*, bien loin de faire du mal à cet enfant, le prit pour le réchauffer entre ſes pattes & le ſerra près de ſa poitrine, juſqu'au lendemain matin qu'il lui laiſſa la liberté d'aller courir dans la ville. Le Savoyard retourna le ſoir à la hutte, & fut reçu avec la même affection. Les jours ſuivans il n'eut pas d'autre retraite ; mais il fut bien plus enchanté de voir que l'ours lui avoit réſervé une partie de ſa portion. Pluſieurs jours ſe paſſerent ſans qu'on s'apperçut de rien. Un jour que le valet de l'ours vint apporter le ſouper de ſon maître plus tard qu'à l'ordinaire, il fut fort étonné de voir l'animal rouler des yeux furieux & paroître lui indiquer de faire moins de bruit, de peur d'éveiller un enfant qu'il tenoit contre ſa poitrine. L'animal fort glouton, ne parut nullement touché des mets qu'on lui préſentoit. La nouvelle s'en répandit bientôt à la cour, & parvint aux oreilles de Léopold, qui voulut être témoin avec une partie de ſes courtiſans, de l'acte de généroſité de Marco. Pluſieurs y paſſerent la nuit & virent avec ſurpriſe que cet ours ne remua pas tant que ſon hôte voulut dormir. Au point du jour l'enfant éveillé fut fort honteux de ſe voir découvert, & craignant d'être puni de ſa témérité, demandoit pardon. L'ours le careſſoit & l'engageoit à manger de ce qu'on lui avoit apporté la veille; ce qu'il fit ſur l'invitation des ſpectateurs qui le conduiſirent au prince. Ayant appris toute l'hiſtoire de cette ſinguliere alliance, & le tems qu'elle avoit duré, il prit ſoin de ce petit ſavoyard, qui ſans doute auroit fait fortune ſi la mort ne ne l'eût enlevé peu de tems après.... Eh bien! ne voyez-vous pas qu'il eſt dans l'ordre des choſes qu'elles ne reſtent pas telles qu'elles ſont ſorties des mains de la nature?

La marquiſe. Nous ne ſavons pas encore quelles bornes la nature a impoſées à la férocité des animaux les plus ſauvages. Il n'en eſt peut-être point qui ne ſoit capable de bienfaiſance, lorſque ſes beſoins ſont ſatisfaits. L'homme pourroit bien être le ſeul qui ſoit féroce ſans beſoin, & à qui le déréglement de l'imagination, dans cet état de raiſon ſi vanté, faſſe commettre des crimes affreux. Et il paroît qu'il n'y a pas d'amélioration ni de métamorphoſe à eſpérer ſur ce point. En ce moment même où, ſelon vous nous avons tant à nous glorifier des progrès de la civiliſation, on vient d'empriſonner à Londres deux femmes nommées *Bufh* & *Roe*, qui fe fon mifes à la tête d'une nouvelle fecte de *Presbytériens*, & à qui le fanatifme a fait commettre toutes fortes d'excès. Le lord *Gordon* a pris chaudement le parti de ces deux miférables & fait les plus vives démarches pour leur faire rendre la liberté.

La comt. Le fanatifme eft une efpece de folie ou un voile pour des vues intéreffées. Le premier cas eft celui du *Don Quichotte* de l'Angleterre, & le fecond celui de fes protégées. Je ne crois pas au moins qu'une coquine, arrêtée vers le même tems à Londres trouve des protecteurs. Elle fe procuroit de petits enfans des deux fexes pour les former dès l'enfance à toutes les horreurs que la débauche la plus effrenée a pu inventer. Les fcélérats font exception à toutes les regles qu'on peut fe former pour juger l'efpece humaine.... Je vois, ma chere marquife, que vous lifez encore des gazettes ; fans cela je vous raconterois une hiftoire plus confolante, qui fe trouve dans les papiers anglais. A tout rifque la voici. Les meres de famille ne fauroient trop l'entendre. Un enfant de trois ans appartenant à des parens riches, étoit dangereufement malade de la rougeole, dans la ville d'Axminfter où cette maladie s'étoit répandue depuis plufieurs jours ; fa mort qui étoit attendue à chaque inftant parut arriver. On alloit le mettre dans le cercueil, quand un parent de la mere, apprenant l'accident, imagina que la mort pouvoit bien n'être qu'apparente, & fit une expérience dont lui ſeul oſa ſe promettre du ſuccès. Il fit remplir un baquet d'eau froide, &, après y avoir plongé l'enfant, l'enveloppa dans des flanelles & le fit mettre au lit. Au bout de quelques heures on apperçut une tranſpiration abondante ? & bientôt après l'enfant donna des ſignes de vie. De bons ſoins ont achevé de rendre au jeune malade une exiſtence doublement chere à ſes parens, & il jouit maintenant de la meilleure ſanté.

Le Chevalier. Si les feuilles publiques ne préſentoient que de tels faits, quand même ils ſeroient ſuppoſés, madame la marquiſe ne les auroit pas priſes en averſion. Au moins peuvent-ils ſervir d'exemple ou donner des idées utiles ; mais les nouvelles de guerre, de partage......

La comt. Chevalier, j'ai pris mon parti ; toutes les ſpéculations & la moitié des nouvelles politiques me ſont indifférentes, parce que je ne crois plus à rien. Je ſuis perſuadée que le roi de Pruſſe ne ſe mêlera en aucune autre maniere des affaires de la Hollande, que par la voie des négociations ; je ne crois point à une rupture entre les deux aigles & le croiſſant, parce que, quelques miſérables que ſoient les Turcs, il faut des préparatifs immenſes pour les attaquer, & je n'en vois point faire ; je ne crois point à l'ouverture de tous les ports de Naples & de Sicile en faveur des vaiſſeaux de guerre ruſſes dans la méditerranée, parce que nous n'apprenons point que l'on arme à Cronſtadt, & que la maiſon de Bourbon ne ſouffrira point que les Ruſſes paſſent en force dans cette mer. D'ailleurs j'ai vus des états autentiques de la marine ruſſe; elle conſiſte dans une trentaine de vaiſſeaux, tant bons que mauvais & mal conſtruits. Ils ont à peine les équipages ſuffiſans pour en armer la moitié, & ils déteſtent la mer, malgré leur confiance en S. Nicolas.

Le chev. Ajoutez que notre cour a fait déclarer miniſtériellement à celle de Vienne, que ſi la cour de Ruſſie continuoit à moleſter la Porte & cherchoit à faire valoir les prétentions qu'elle forme à la charge de cette puiſſance, elle ſe verroit obligée de ſoutenir efficacement les Turcs, ce qui ne manqueroit pas d'allumer une guerre générale; que pour la prévenir, elle faiſoit prier l'empereur d'interpoſer ſes bons offices auprès de l'impératrice de Ruſſie. M. le comte de Montmorin a fait faire une ſemblable déclaration au cabinet de Pétersbourg.

La marq. Encore un coup jouiſſons de la paix, cherchons à la conſerver avec nous-mêmes &, pour y parvenir, oublions la politique & laiſſons les puiſſances ſe faire la guerre à l'épée ou à la plume, ſans que notre repos en ſoit troublé.

La comt. Eh bien, ma chere marquiſe,

je vais vous parler d'une guerre qui n'a rien que de plaiſant. C'eſt celle qu'un particulier induſtrieux a faite aux fermiers-généraux pendant dix années peut-être , ſans qu'ils s'en ſoient apperçus. Il avoit découvert un ſouterrein qui alloit en droiture , dans la longueur d'une demi-lieue , depuis le village de la Villette juſques dans l'enceinte des barrieres de Paris. Ce ſouterrein avoit une pente aſſez rapide que le contrebandier avoit sû rendre propre à ſes vues en la recouvrant d'un plancher très-uni , ſur lequel des tonneaux rouloient avec facilité d'un bout à l'autre. On le-jettoit à l'ouverture du ſouterrein , & ils ne tardoient pas à parvenir à l'autre extrêmité qui aboutiſſoit dans la cave d'un maréchal ami du ſpéculateur. Une vieille ſervante qui étoit dans le ſecret a trahi ſon maître ; les ſuppôts de la ferme guidés par la mégere , ſont entrés dans le ſouterrein & y ont trouvé pour une ſomme conſidérable de marchandiſes de toute eſpece....

La marq. Comme les mourans pardonnent à leurs ennemis , il faut eſpérer que l'ingénieux contrebandier n'éprouvera pas les effets du reſſentiment des implacables fermiers généraux. Si les gabelles ſont détruites , ſi les douanes ſont renvoyées aux frontieres , ſi l'impôt territorial eſt agréé , le regne des traitans eſt fini.

La comt. Au moins l'aſſemblée des notables devroit bien être l'époque d'une amniſtie pour ceux qu'ils tiennent dans les fers. Ce ne feroit pas la moindre obligation que la nation & l'humanité pourroient avoir à ce congrès refpectable, & je fuis étonnée qu'on n'ait pas penfé à fuivre encore en cela l'exemple des Anglais. Les fermiers-généraux auroient dû eux-mêmes en faire la la demande, ne fut-ce que pour intéreffer en leur faveur Dieu & les hommes, dans le moment du danger.

Le chev. Cette idée, madame, vous fait honneur. Son exécution feroit d'un bon augure & annonceroit plus clairement à la nation ce qu'elle doit attendre des défenfeurs de fes intérêts, que leurs beaux & inutiles difcours. Jufqu'à ce que l'on voie un bien réel produit par cette fameufe affemblée, on peut craindre qu'il n'en réfulte point d'autre avantage que la connoiffance de cette vérité dont on a ofé douter : que le peuple français peut trouver auffi bien que des rivaux qui attribuent leur énergie à une prétendue liberté, des repréfentans ardens, éloquens, éclairés & généreux.

La comt. Pour fpirituels, on n'en peut douter. Le maire de Caën a fait une excellente réponfe au petit marquis D*** qui vouloit le plaifanter. Le magiftrat bas-normand eft un homme fage, une tête froide & n'a point le brillant bavardage des orateurs de nos cercles. Il fe trouvoit à un dîner entre le marquis bel-efprit & le chevalier D*** ils employerent à le perſiffler tout le talent qu'on leur connoît pour dire des inutilités ou des ſottiſes. C'étoit des éloges ridicules de l'eſprit, de la pénétration, des lumieres de M. le notable. *Meſſieurs*, leur dit-il, *je n'ai jamais eu l'ambition de paſſer pour un homme de génie ; je ne ſuis point un fat & je ne crois pas non plus être tout à fait un ſot, mais je ſuis entre deux.*

LES

LES FRONDEURS.

Le chevalier. Un bon roi peut être facilement trompé ; l'apparence des vertus uſurpe ſa confiance ; mais il ne s'abandonne point à d'aveugles préventions ; dès qu'on lui montre la vérité, il ſévit contre ceux qui lui en ont impoſé. La diſgrace d'une foule de gens en place montre à la nation que, devant *Louis XVI*, toutes les conſidérations cedent à ſon vif déſir de la rendre heureuſe.

Le préſident. Oui ſans doute, notre roi veut le bien ; il le veut avec ardeur ; il a toujours déſiré les moyens de l'opérer ; mais en lui perſuadant qu'il s'étoit égaré dans cette recherche, qu'il avoit mal choiſi les inſtrumens de ſes vues bienfaiſantes, a-t-on rendu un ſervice à la nation ? je ne le crois pas. Si M. *de Calonne* a permis d'énormes dépenſes, elles étoient indiſpenſables ; le moment de l'économie étoit arrivé ; il a imaginé & indiqué lui-même les remedes des maux qu'il n'avoit pu empêcher. On renvoie un miniſtre dans l'inſtant où il veut exécuter les grandes choſes qu'il préparoit depuis ſa nomination.

L'Abbé. Quoi ? un bouleverſement général ; la deſtruction des droits les plus ſacrés, l'aviliſſement des premiers ordres de l'état....

Le président. Eſt-ce être avili que de remplir les devoirs de citoyen, de ſoulager la claſſe la plus utile, celle du peuple, en partageant ſes charges ? je le ſais : la diſgrace de M. *de Calonne* eſt une affaire d'intrigue de la part des grands & ſur tout du clergé. Vous êtes, meſſieurs, des ennemis dangereux. Tous les miniſtres qui ont oſé croire au patriotiſme parmi les gens de votre robe, ont ſuccombé ; on ne peut guérir nos maux qu'en attaquant les priviléges, mais ceux qui les poſſedent ſont les hommes les plus puiſſans de la nation ; ainſi le miniſtre qui voudra ſérieuſement remplir ſes devoirs, rendre à l'état l'aiſance & la vie, doit culbuter à l'inſtant qu'il tentera cette périlleuſe aventure. C'eſt une hydre dont il faudroit trancher toutes les têtes d'un ſeul coup, comme....

L'abbé. Arrêtez, blaſphémateur ! n'y a-t-il rien de ſacré pour vous ? la récompenſe des guerriers qui ont acheté la nobleſſe au prix de leur ſang, à qui vous devez l'heureuſe conſtitution du royaume ? les droits des ſoutiens de la foi, des miniſtres d'une religion, le plus précieux de tous vos avantages ? les ſermens de vos rois & les plus ſaints engagemens ſouſcrits par *Hugues-Capet*, lorſque la nation le plaça ſur le trône, & renouvellés par tous ſes ſucceſſeurs ?

Le président. Ainſi, mon cher abbé, M. *de Calonne* ſeroit un grand homme, un grand ministre, sa disgrace seroit une perte irréparable, si le clergé n'étoit entré pour rien dans ses projets ?

L'Abbé. A dire vrai, j'apprens avec peine qu'on veut mettre ce département sous la direction d'un comité formé de membres dont les choix m'étonne. On connoît les vues & les opinions de l'archevêque de Toulouse ; si M. *Necker* recouvre quelque influence dans l'administration, bientôt les protestans rentreront dans le royaume &... on doit craindre toujours ces gens à grandes vues, à projets qui s'écartent d'une sage routine. Passe pour M. *de Fourqueux* ; c'est un homme d'âge, prudent, modéré, & l'on ne doit point craindre de ce contrôleur-général des entreprises alarmantes.

Le président. Quoi de plus alarmant que l'état actuel des choses ! dans le moment où l'on ne sait quelle tournure prendront les affaires politiques de l'Europe, nos notables, par leurs cris, leurs plaintes exagérées, ont jetté par-tout le discrédit sur nos finances ; l'immense circulation à laquelle l'agiotage avoit donné lieu, s'étant trouvée trop subitement arrêtée, les plus grosses fortunes de la capitale sont chancelantes, la confiance est détruite dedans comme au dehors....

Le chevalier. Eh, messieurs, calmez vos inquiétudes : y a-t-il en France moins de numéraires que dans les tems les plus heureux ? Ne voyez-vous pas la confiance de la nation aller au devant des ſages & habiles adminiſtrateurs qu'on eſt occupé à lui choiſir ? elle eſt toujours accompagnée de celle de l'étranger ; or l'expérience nous a appris que chez nous l'orage eſt conſtamment ſuivi de près par le tems le plus ſerein & que les premiers pas d'une adminiſtration nouvelle ſont toujours heureux.

Le préſident. Je l'avoue. La crainte eſt un mal dont le français eſt toujours empreſſé de guérir. C'eſt une ſituation pénible dont il cherche à ſe délivrer lui-même. Que l'on ouvre un emprunt en ce moment, on s'écraſera pour y faire recevoir ſon argent ; que l'on établiſſe un nouvel impôt, on le payera avec joie, parce que celui qu'on redoutoit a été rejetté.

L'abbé. Mais cette impreſſion n'eſt pas durable. L'enthouſiaſme du Français pour tout ce qui eſt nouveau ſe change bientôt en dégoût & quelquefois pis encore.

Le chevalier. Nous ſommes naturellement aimans ; nous chériſſons juſqu'à la main qui nous frappe ; mais quand la douleur ſe fait reſſentir, il faudroit être ſtupide pour ne pas déſirer une autre ſituation.

Le préſident. Le peuple ne réfléchit pas & ne ſait ce qu'il veut. En changeant de miniſtre, on ne changera pas cette ſituation. Le mal exiſte par-tout hors dans les adminiſtrateurs : que nous ayions M. *de Calonne* ou M. *de Fourqueux* à la tête des finances, M. *de*

Miromesnil ou M. *de Lamoignon* à la tête de la magistrature, M. d'*Angevillé* ou M. *de Vaudreuil* à la tête des bâtimens, &c. &c., il n'en sera pas moins que la vie & la fortune des citoyens sont exposées à des injustices continuelles, que des impôts énormes peuvent seuls pourvoir aux besoins de l'état, que la dignité du trône exige des dépenses qui excédent nos forces, que...

Le chevalier. Alte-là, monsieur le président; malgré l'espece de ressemblance que l'assemblée de notables & la prétendue convocation prochaine des états généraux nous donnent avec une nation libre, il ne nous est pas permis de tout dire, & la bastille....

L'abbé. N'est-ce pas le plus dur des gouvernemens que celui où l'on n'ose mettre au jour des idées qui peuvent être utiles, où, par une espece de dérision, on vous demande votre avis, & l'on vous punit de le donner:

Le chevalier. Demander à la nation son avis, n'est pas autoriser chaque individu à manifester des opinions dictées par la prévention ou l'aigreur. La plus grande liberté ne regne-t-elle pas dans cette diete qui représente en quelque sorte la nation? Ces lettres de cachet même contre lesquelles on crie tant, sont une preuve de l'extrême douceur du gouvernement. Souvent elles ont substitué une détention courte ou un exil limité à des punitions qui eussent été justes. Nous devons croire par exemple qu'après le renvoi de M. *de Calonne*, il s'eſt trouvé des charges contre lui, puiſqu'une lettre d'exil a ſuccédé à la ſimple démiſſion qu'on avoit d'abord exigée de lui.

Le préſident. Je conviens que chez nous la rigueur des punitions arbitraires n'eſt point durable, mais ne vaudroit-il pas mieux que l'homme criminel fût traité avec la derniere ſévérité, & que l'innocent ſoupçonné reſtât ſous la protection des loix, que l'indiſcret entraîné par un zele louable ou par un beſoin digne d'indulgence, fût épargné; enfin qu'une famille malheureuſe, des enfans, des créanciers, ne deviniſſent pas la victime d'un coup d'autorité qui peſe ſur eux tous en frappant ſur un ſeul individu?

L'abbé. Combien de malheureux gémiſſent en ce moment ſous les verroux de la baſtille ou ſous un ciel étranger, d'autres par l'empriſonnement ou la fuite d'un pere, d'un mari, d'un débiteur, pour quelques écrits, ſeulement même quelques diſcours, que la diſgrace des gens en place qu'ils attaquoient juſtifie en ce moment! La vérité eſt une, mais les dépoſitaires de l'autorité ne veulent que celle qui convient à leur intérêt ou à leurs vues. Il eſt vrai que ſouvent ils trouvent des hommes auſſi complaiſans que le cocher dont on vient de me raconter l'hiſtoire. Il ſe préſentoit chez M. *Harway*, anglais recommandable par ſa piété. On lui détailla tous les devoirs qu'il devoit remplir ; il fut frappé de l'obligation d'assister le soir à la priere avec le reste de la maison. — *A la priere*, s'écria-t-il ? — *Oui*, répliqua M. Harway, *ne dites-vous point vos prieres ?* --- *Je n'ai jamais demeuré dans une famille où l'on observât ce régime.* --- *Quoi, vous vous refusez à dire vos prieres !* ---- *Non, monsieur, mais j'espere que, si je le fais, vous y aurez égard pour augmenter mes gages.*

- *Le chevalier.* Ce ne sont pas des punitions que notre gouvernement inflige, mais des leçons salutaires qu'il donne, lorsque des précautions indispensables dans un état monarchique privent, pendant quelques mois, un citoyen de sa liberté. *Cagliostro* n'auroit-il pas mérité quelque chose de plus ? on a crié à l'injustice lorsque ce prétendu grand homme a été renfermé. Il vient de prouver en se dévoilant lui-même que le gouvernement n'a cessé de lui rendre justice qu'en lui ouvrant les portes des prisons. Ayant perdu son empire sur les gens crédules, il a usé de sa derniere ressource, en s'emparant des bijoux de sa femme, avec lesquels il a disparu de Londres, un de ces jours. Comme l'imposture ne réussit guere que chez les nations civilisées, il attendra sans doute que nos lumieres ayent pénétré dans sa prétendue patrie, pour aller s'y montrer en qualité de prince européen, & essayer d'y jouer ce rôle avec plus de succès, qu'il n'a joué dans nos contrées celui de prince asiatique.

Le *président*. Chevalier, vous qui trouvez que tout est bien dans ce meilleur des mondes possibles, que dites-vous des scenes sanguinaires qui se renouvellent tous les jours en Hollande. Croyez-vous l'état actuel de cette république, que l'on peut regarder comme l'ouvrage de ses protecteurs, bien propre à faire le bonheur de ses habitans? Ils jouiroient des biens attachés à l'état de société, s'ils étoient devenus les sujets des puissances qui les laissent s'entr'égorger pour prouver qu'ils sont libres. Mieux vaut obéir à un bon maître, qu'à des préjugés dont le fantôme est mille fois plus tyrannique.

L'*abbé*. Langage d'esclave accoutumé au joug. Je ne blâme dans les affaires de la Hollande que la maniere dont elles ont été conduites. La lenteur gâte tout; les parties, les arbitres & les médiateurs ont empiré le mal en le laissant invétérer; le patient s'épuise & la guérison devient trop tardive.

Le *chevalier*. Elle en sera plus sûre & plus durable.... Allons à la piece nouvelle. L'auteur me saura gré de lui mener des spectateurs en de si bonnes dispositions.

L'*Abbé*. La piece nouvelle! je suis assuré qu'elle est détestable. Je n'en écouterai pas un mot; je sais déja tout ce que j'en dois dire. La marquise heureusement m'a remis un cahier d'anecdotes qui nous empêchera peut-être de bâiller. Parcourons-le.

» Un officier des gardes étoit venu ſans permiſſion de Potzdam à Berlin, pour ſe trouver à un bal maſqué. Le roi y étoit & s'attacha à ce maſque qui ne le reconnut point. *Frédéric* lui demanda ſon nom ; l'officier le lui dit franchement & ajouta énergiquement : *J. F. qui le répete.* Dans la ſuite du bal, l'officier reconnut le roi & ſon indiſcrétion, ſortit bruſquement & retourna en toute diligence à Potzdam. Quelques jours après *Frédéric* ſe trouvant à la parade, y vit ſon homme, l'appella en particulier & lui dit à l'oreille : *vous êtes fait capitaine, mais J. F. qui le répete.* L'officier garda exactement le ſecret. Au bout d'une année de contrainte, il reçut ſon brevet & une gratification de mille écus. »

» *François Suire* & *Marie Beſſon* étoient mariés depuis 18 mois ſur la paroiſſe de *Saintes.* Ces deux époux s'apperçurent au bout de ce tems qu'ils étoient du même ſexe. Une conformation imparfaite avoit mis en erreur les parens de *Beſſon* qui l'avoient élevé comme une fille. La diſſolution du mariage a été prononcée purement & ſimplement.

» En 1783, un capitaine anglais qui alloit faire la traite des negres, prit en qualité de cuiſinier un de ces matelots indiens connus ſous le nom de *Laſcar.* Il eût dans la traverſée quelque altercation avec cet homme, le fit mettre à terre ſur une des îles *Plantain*, & l'y abandonna. Cette île étoit habitée par des ſauvages dont le chef étoit un negre qui avoit long-tems vécu en Angleterre. Les mœurs de cette peuplade ne laiſſoient au malheureux *Laſcar* d'autre alternative que la mort ou l'eſclavage. Il erra pluſieurs nuits dans l'île, ſe dérobant le jour à la vue des habitans. Le neuvieme jour, les ſauvages du continent débarquerent en grand nombre dans l'île & s'en rendirent maîtres. Pendant la confuſion & le carnage qui accompagna cette expédition, le Laſcar s'empara d'une pirogue & ſe confia à la merci des flots. Mais preſſé par la faim, il fut forcé d'aborder le continent. Les gens du pays le ſaiſirent & le vendirent comme eſclave à un capitaine qui le conduiſit en amérique. Là il a été racheté par un anglais qui l'a ramené en Angleterre où il demande juſtice contre ſon ancien maître qui ne s'attendoit pas à le revoir. »

» Un curé de Paris qui a acquis de la célébrité par ſes établiſſemens de bienfaiſance, a trouvé un ſingulier moyen d'augmenter le revenu de ſa caiſſe des pauvres. Il eſt devenu marchand de modes. Dans les aſſemblées qui ſe tiennent chez lui, de tems à autre, il ſe trouve pluſieurs femmes de qualité jalouſes de participer à la gloire & aux bénédictions attachées aux œuvres de charité. Une douzaine de jeunes clercs rangés des deux côtés de la ſalle, y étalent toutes ſortes de chifons de modes, les graces de leur âge & de leur figure. peut-on ſe refuſer à tant de motifs réunis? les dames achetent; l'étoffe & l'ouvrage ne valent rien, de ſorte que la charité fait tous les frais. »

» Un plaideur envoya un jour quelques pieces de vin à ſon rapporteur conſeiller de grand'chambre. Il alla le voir enſuite. --- M., avez-vous goûté le vin que j'ai eu l'honneur de de vous faire paſſer? --- Oui. --- Comment le trouvez-vous? --- *Comme cela*... Le plaideur épouvanté croit ſa cauſe perdue; il ſe procure du meilleur vin & l'envoye vîte au rapporteur. -- Vous avez reçu le nouvel envoi? --- Sans doute; Oh, celui-ci eſt de l'excellent, vous êtes un homme admirable! -- Permettez que je faſſe ſortir de votre cave les ſix mauvaiſes pieces. -- Non, non, ce ſera pour ma cuiſine. »...

LES VRAIS PLAISIRS.

Oui : c'eſt dans l'accompliſſement des devoirs preſcrits par la nature qu'il faut chercher le bonheur. Il eſt la récompenſe des peines que prend une mere ſenſible. J'en juge par le mépris qu'elle conçoit pour toutes les jouiſſances étrangeres à cet objet ; par l'empreſſement avec lequel l'époux le plus diſſipé partage ſes ſoins ; par l'émotion invincible qu'éprouvent les témoins de ce touchant ſpectacle.

La marquiſe a tout oublié hors ſon enfant. Le marquis eſt devenu époux tendre, complaiſant, aſſidu. Nous ſommes, me diſoient-ils l'autre jour, ſortis d'un état de fievre & de délire, & nous jouiſſons maintenant de tous les charmes de l'exiſtence. La ſociété & ſes agitations, les faux plaiſirs qu'on y recherche & les peines volontaires qu'on s'y impoſe, nous offrent un ſpectacle qui gliſſe ſur notre ame ; elle eſt toute entiere à une ſcene plus intéreſſante.

J'enviois le ſort de ces époux dont la converſion ſubite me ſembloit un prodige inconcevable. Placés dans un boſquet orné de toutes les richeſſes du regne végétal, ils montroient le chef-d'œuvre de la nature entouré des plus agréables productions de cette mere bienfaisante. On étoit saisi d'une sorte de respect en approchant de ce sanctuaire. Le commandeur même ne put s'en défendre ; le sarcasme expira sur ses levres. Le président & l'abbé arriverent à propos pour le remettre à son aise. --- Mes amis, leur dit-il, faisons un tour de jardin ; laissons ces stupides tourtereaux dans leur nid & parlons de choses plus importantes... Eh bien, le contrôleur-général n'a donc pu résister au pronostic du vaisseau *le Calonne*, perdu, il y a quelque tems, corps & biens, sur les côtes de Portugal !

Le président. Oui, je me souviens qu'on lui en a fait des plaisanteries qu'il a repoussées avec sa grace ordinaire, mais les notables qui préparoient son naufrage sont enfin parvenus à faire briser son bâtiment ministeriel contre une masse de rochers que l'on nomme le clergé & la noblesse. Sentant qu'il dérivoit & qu'il étoit fortement entraîné par des courans, il ne put se dissimuler le sort qui l'attendoit. Quelques jours avant l'événement, il causoit avec le roi. Je vous avoue, lui dit-il, que l'exemple de M. *Turgot* me donne de justes appréhensions. Placé à peu près dans les mêmes circonstances où je suis, il vouloit supprimer des abus, donner une nouvelle forme à l'administration & enrichir votre trésor en soulageant la classe indigente de vos sujets, & c'est alors que vous l'avez immolé à ses adversaires. -- Cela est vrai, répondit le roi, mais songez donc que dans ce tems-là j'avois onze ans de moins.... Cette assurance n'a pas empêché ce prince de prononcer sa condamnation. Et puis, fiez-vous à la bonne foi des têtes couronnées qui ont onze ans de plus.

L'abbé. Avouez, président, que de telles promesses ne peuvent tenir contre l'évidence des déprédations dont ce ministre s'est rendu coupable.

Le président. Eh, qu'importe le passé quand on peut s'assurer de l'avenir, le fait est de savoir s'il existe un autre homme en état de remédier aux suites des désordres dont on se plaint. Puisqu'on ne veut point punir, il n'y a qu'un seul parti à prendre à l'égard d'un coupable qui veut & peut réparer le mal qu'il a fait, c'est de le surveiller & de le laisser agir.

Le commandeur. Nous avons l'homme pour rétablir l'ordre. C'est M. *Necker.* A dire vrai, j'ai cru long-tems que la disgrace de M. *de Calonne* étoit une feinte, un jeu concerté entre le maître & le ministre. M. *de Calonne* avoit fait connoître au roi que les bureaux des notables étoient beaucoup plus acharnés contre sa personne que contre ses plans; les bureaux avoient déclaré qu'ils ne pouvoient plus traiter avec un homme qui n'avoit pas la confiance de la nation. La prévention & l'animosité produisoient une foule de débats & jamais de décision. Il falloit donc pour faire expédier la besogne renvoyer dans la coulisse l'acteur qui déplaisoit au parterre. Remarquez que le roi en lui signifiant l'ordre de se retirer, lui a écrit à-peu-près en ces termes : » Je » suis aussi content de votre personne que de » votre gestion. C'est avec regret que je me » sépare de vous ; j'ai cru devoir céder aux » circonstances. Vos plans seront exécutés » dans toute leur étendue. Restez à Versailles » pour y instruire votre successeur, & hâtez- » vous de mettre en ordre la quatrieme sec- » tion qui sera l'objet du travail des bureaux » qui vont se rassembler. » Ajoutez à cela que, pour remplacer M. *de Calonne*, on jette les yeux sur un vieillard presque septuagénaire, rongé de goutte & accablé d'infirmités, que ce vieillard étroitement lié avec M. *de Calonne*, résiste d'abord au vœu de son roi & finit par céder aux instances de son ami. M. *de Fourqueux* arrive à Versailles, débarque chez l'homme auquel il doit succéder ; dîne à sa table sans avoir peur de la colique & travaille tout le reste du jour avec lui. Cette marche bizarre dont les annales de la monarchie n'offrent point d'exemple, a dû naturellement faire croire que l'on n'a voulu avoir qu'un simulacre dans la personne de M. *de Fourqueux* & que M. *de Calonne* devoit demeurer derriere le rideau pour reparoître sur la scene, lorsque la grande opération des burreaux seroit consommée.

L'abbé M. *de Calonne* étoit trop fin pour adopter un plan aussi dangereux pour lui. Le voile se déchire devant un ministre qui ort de place ; on le voit à nud, & la nudité de M. *de Calonne* devoit être bien difforme puisqu'il a été exilé à 70 lieues de Paris, deux jours après avoir donné sa démission.

Le présid. Quant à M. *de Fourqueux*, vous n'avez pas été exactement instruit, M. le commandeur. Entré depuis dix-huit mois au conseil des dépêches, il y a souvent employé un talent qu'il possede à un degré supérieur : celui d'exposer les affaires avec clarté, précision & briéveté. Il s'est d'ailleurs occupé toute sa vie des matieres d'administration, & en a parlé devant le roi d'une maniere très-lumineuse ; il a fait usage des mêmes talens en qualité de rapporteur du bureau de *Monsieur* dans l'assemblée des notables. *Monsieur* a pris confiance en lui, lui a demandé son avis particulier sur divers objets ; & par le rapport qu'il en a fait à S. M., a fortifié l'opinion qu'elle avoit prise des talens & des lumieres de M. *de Fourqueux*. Le roi a jetté les yeux sur lui, & ayant congédié M. *de Calonne*, a envoyé chez lui M. *de Montmorin* pour lui proposer la place de contrôleur-général. M. *de Fourqueux* étoit à sa campagne près de Saint-Germain. Un exprès partit à l'instant pour lui apporter un billet de la part de M. *de Montmorin*, portant seulement qu'il s'étoit rendu chez lui pour lui parler de la part du roi. M. *de Fourqueux* reçut ce billet à 2 heures & un quart & en même tems un autre billet de M. le maréchal *de Noailles*, qui lui annonçoit le renvoi

renvoi de M. *de Calonne* ; il passa aussi-tôt dans la salle où étoit toute sa famille & dit : *J'ai la fievre bien fort*.... On prit ces mots à la lettre, & sur les questions qu'on lui fit : *ce n'est pas intérieurement*, dit-il, *elle est dans ma poche*. Alors il lut les deux billets, & l'avis général, ainsi que le sien, fut que dans les circonstances présentes il falloit s'excuser sur sa santé, son âge. Ce fut dans cette intention que le soir il se rendit à Versailles ; il y vit tous les ministres qui lui firent toutes les instances possibles ; elles ne l'auroient pas déterminé sans une circonstance. Le roi informé que M. *de Montmorin* ne l'avoit pas trouvé chez lui, n'attendit pas plus long-tems, & annonça qu'il l'avoit nommé, & dès le lundi matin la cour & la ville en furent instruites. M. *de Fourqueux* pensa que son refus alloit exagérer les maux de la situation présente, & peut être renverser totalement le crédit, la confiance publique, l'entreprise commencée, les espérances qu'on peut en concevoir ; il se considéra comme un militaire qu'on envoie à une expédition périlleuse, qui en voit tous les dangers & qui marche avec courage ; il vit le roi, le mardi matin ; & accepta sans restriction ni condition quelconque, afin de ne donner aucune atteinte au crédit nécessaire dans ces circonstances ; c'est de sa part un dévouement à la patrie. Le roi lui dit qu'il travailloit à un plan de réforme dans sa maison, & qu'il s'en occupoit lui-même. M. *de*

Fourqueux lui repréſenta que c'étoit la choſe la plus néceſſaire & la plus capable d'aſſurer le ſuccès des opérations commencées. Si la probité jointe à des lumieres peut opérer quelque bien, le roi ne pouvoit faire un meilleur choix; mais en même tems ſes amis ſont alarmés ſur ſa fortune; il n'en a point perſonnellement, celle qu'il avoit, il l'a employée à payer les dettes de ſon pere; il réunit des places pour plus de 50 mille livres, & ſi ſa ſanté ne lui permettoit pas de ſoutenir le travail, il ſe retireroit avec 20 mille livres de penſion tout au plus, qu'encore il refuſeroit, ſi la détreſſe étoit la meme. Toute ſa famille eſt dans les alarmes. C'étoit un ſpectacle rare que la maniere dont cette nouvelle y fut reçue & par ſes amis; la triſteſſe étoit ſur tous leurs viſages; quelques-uns pleuroient; tous les domeſtiques entraînés par l'exemple des maîtres, pleuroient auſſi; jamais peut-être on n'a appris de même un pareil événement.

L'abbé. Il eſt incroyable que tant d'honnêtes gens faſſent d'énormes fortunes dans les emplois ſubalternes de la finance, & que le chef ſuprême de cette partie craigne de sy ruiner. Il eſt cependant de fait que l'on n"a point vu de contrôleurs-généraux acquérir dans ce beau poſte, autant de richeſſes que la moins protégée de leurs créatures en amaſſe en peu d'années.

Le Comm. L'obſervation eſt frappante & vraie, ſauf quelques exceptions. Au reſte il est facile de rendre raison de cette singularité ; c'est dans la foule que ceux qui spéculent sur la bourse d'autrui peuvent faire plus surement leur coup. . . .

Nous nous trouvâmes rapprochés de la marquise qui n'avoit fait aucune attention à notre absence. Elle pria le commandeur de changer ses romans politiques en contes qu'elle pût retenir pour amuser son enfant quand il seroit en état de l'entendre. Ma foi, ma chere niece, répondit le vieux militaire, je n'ai jamais appris le métier de berceuse & je ne connois que de nom *Fleur-d'épine* & *la Barbe bleue*. --- Madame, interrompit l'abbé, vous conterez à votre enfant les balivernes politiques dont on vous a entretenue depuis quelques années. L'histoire du tems présent ressemble assez aux contes des Fées, sur-tout avec les enjolivemens dont les nouvellistes les décorent. Défunt *Galand*, de glorieuse mémoire, auroit fait un beau supplément aux *Mille & une nuit* avec tout ce que l'on a rapporté sur le voyage de Cherson...

La marquise ne put empêcher une explosion politique de ses hôtes à cette occasion. Le commandeur soutint que la déclaration de notre cour à celle de Vienne, en faveur des Turcs, & la réponse amicale de l'empereur, que les gazetiers ont rapportées, n'étoient que des suppositions sans le moindre fondement ; il prétendit que les cours impériales pouvoient aller en avant dans leurs projets d'aggrandissement sans crainte d'être obligés de les appuyer par le canon, & il prédit que les Turcs seroient repoussés en Asie sans qu'il en coûtât une goutte de sang à l'humanité. L'abbé traita le commandeur de visionnaire & compara l'Europe à une voute dont on ne peut déranger une pierre sans mettre tout l'édifice en désordre. Le président observa que si la Bessarabie & le cours du Niester venoient à passer aux Russes, ils deviendroient bientôt maîtres de l'embouchure du Danube & de la navigation de la mer Noire, les deux seuls canaux ouverts à l'exportation des denrées de la Hongrie, & voulut parier que jamais les cours impériales ne s'accorderoient dans leurs vues respectives sur les possessions du Croissant. La cour de Vienne, selon lui, éclairée par l'expérience, savoit trop à quoi s'en tenir sur l'égoïsme de son alliée, & connoissoit trop bien ses véritables intérêts pour que les amis de la Porte Ottomane dussent avoir la moindre alarme sur les suites de l'entrevue de Kiow.

Messieurs, reprit le commandeur, vous qui calculez si bien les avantages & les inconvéniens qui entrent dans la balance dont l'aiguille détermine les opérations des souverains, jugez, d'après les mêmes principes, le sort de cette jeune créature. Vous voyez le soin que de tendres parens prennent pour lui conserver l'existence. Avec quelle attention n'écartera-t-on pas de cet enfant, d'ici à 15 ou 18 années, tout ce qui pourroit lui causer le moindre petit mal ! Supposez vous aussi peu instruits de nos usages que vous l'êtes des véritables desseins des cabinets ; ne pensez vous pas que l'on cherchera ensuite à lui donner un état où, jouissant tranquillement de la fortune de ses peres, il pourra trouver le bonheur & doubler ainsi la félicité des auteurs de ses jours ? Point du tout : à peine aura t-il la force de soutenir une arme meurtriere, on le précipitera au milieu du carnage ; on se réjouira de le savoir entouré de dangers qui menaceront sa vie ; on apprendra avec joie que son sang a coulé, & dût il être privé de quelqu'un de ses membres, on se contentera de faire des vœux pour la conservation de ses jours. -- Oncle barbare, s'écria la marquise, vous me faites frémir !... --- commandeur, dit le marquis, je ne sens pas la justesse de votre comparaison ; mais j'avoue que souvent les hommes paroissent inconséquens parce qu'on ne considere pas leurs actions du même point de vue où ils sont placés, & qu'en voulant prévoir leurs démarches, l'ignorance de leurs motifs, de leurs moyens, de leurs préventions ou des passions qui les dominent, ne peut que faire faire de fausses combinaisons.

Pour le coup la marquise nous imposa silence ; plus je vous entends, dit-elle, plus je reconnois que l'imagination de l'homme ne sert qu'à le tourmenter. N'empoisonnez point mes jouissances. Si tous les hommes pensoient comme moi, ils diroient aux princes : demi dieux de la terre ou qui vous croyez tels, si le cœur vous en dit, battez-vous ; nous serons spectateurs bénévoles & juges des coups. Cette maniere de faire la guerre rendroit les souverains moins ambitieux & leurs querelles plus rares. On a regardé comme insenses les princes qui ont proposé des cartels aux princes leurs adversaires, mais au fond ils n'étoient que justes & humains. Si après avoir reçu une insulte vous disiez à vos gens : allons, faquins, que l'on s'arme & qu'on aille tuer ou se faire tuer pour laver mon injure, on trouveroit ce procédé aussi lâche que ridicule, & c'est pourtant celui de tous les rois.

LA VIE DE GARÇON.

Une partie de wisk, après un grand ſouper, nous retint fort tard hier, l'abbé & moi, chez mad**. Nous étions convenus d'aller en ſortant faire quelques viſites enſemble ; il étoit cinq heures lorſque je rentrai. La délicieuſe, mais l'infernale vie !.... J'étois encore dans mon premier ſommeil : --- Chevalier, n'es-tu pas encore prêt ?.... c'étoit le vicomte, pour ce déjeûner fol que nous arrangeâmes l'autre jour à l'opéra. --- D'honneur, je ne puis ; je n'ai dormi de huit jours, je ſuis excédé.... --- Viens, ami, le ſexe, les huîtres & de beaux yeux te rendront à la vie. --- Et mon cours de phyſique ! voilà quinze jours que je le néglige... --- Nous irons enſuite enſemble, viens, te dis-je, on t'attend ; on te ſelle déja un cheval ; j'ai donné les ordres....

Nous arrivâmes en faiſant le demi-tour de Paris au galop. Jamais, je crois, je n'ai tant ri qu'à cette partie ; la petite *B*** étoit divine... & d'une folie !

On ſe ſépara promptement ; chacun avoit ſes affaires. Je me rappelle à l'improviſte un devoir.... --- Ah, vicomte, quel ſervice tu m'as rendu en m'arrachant au ſommeil ! ſans toi j'oubliois que mon pere eſt à Paris depuis deux jours. --- Je ne te quitte pas...

Je ne pus m'en défendre ; la vue de l'auteur de mes jours, ses cheveux blancs, son air tendre & mécontent me firent verser des larmes. Le bon homme étoit attendri de son côté : nous ne nous étions pas vus depuis six mois. Pas un reproche : oh, le silence est la maniere la plus sûre d'en faire d'efficaces. Combien je me suis promis de n'en plus mériter !

--- Mon fils, vous venez demain à Versailles avec moi ; je vous présente à l'archevêque de Toulouse ; le roi l'a. nommé président de son conseil des finances : nous le verrons bientôt premier ministre, ou.... l'équivalent sans titre. --- Je vous suivrai par-tout, mon pere, en baisant vos pas.

Allons vîte reprendre une dose de gaieté chez *D**. me dit le vicomte. Cette belle, toujours charmante, incroyable, étoit à sa toilette. Les ris & les jeux l'entouroient sous les traits de la naïve *Rosette*, du sémillant d'*Orbeuil* & du calembourdier *Vierbet* ; le vieux & aimable *Damon* fournissoit avec ses contes la matiere d'intarissables plaisanteries.

Damon nous lut une singuliere correspondance entre deux amis anglais. Ces gens là ne font rien comme les autres. La jeune miss écrivoit ce billet à son amant. » J'ai cru que vous » m'aimiez, je vous aimois aussi. Il y a de cela » six mois ; maintenant votre air m'annonce » l'indifférence la plus marquée, & vous con- » tinuez vos visites chez mon pere. Quant au

» premier point, qu'importe ! la froideur en » hymen eſt accompagnée de conſtance & de » durée ; c'eſt le contraire en amour. Mais » vos viſites m'offenſent ſi vous ne devenez » promptement mon époux. Je veux bien » vous avouer auſſi que c'eſt de ma part un » ancien projet auquel je tiens. Décidez-vous ! » la mort ou l'hymen ; & dans l'hymen, fidé» lité ou la mort. J'attends votre réponſe avant » deux heures. «

Réponſe. » Il faut être un ange pour vous » aimer ; un diable pour vous épouſer. Je » ſerai ce dernier ; peut-être tous les deux : que » ſait-on ? Au reſte je veux bien vous dire qu'un » ſeul motif me détermine. J'ai pris, il y a long» tems, la réſolution de vous avoir pour » femme : il faut donc que vous la ſoyez. Ceci » vous prouve qu'il n'eſt pas aiſé de me faire » rénoncer à mes deſſeins. Vous ſaurez de » plus qu'une bonne paire de piſtolets ne me » quitte jamais. «

Ces deux tendres amans ſont en effet devenus époux & l'on dit qu'ils ſont heureux.

La converſation devenoit d'un mauſſade à périr ; je fis ſigne au vicomte ; nous partîmes. Et le cours de phyſique !.... Malheur ! tout étoit plein ; il fallut nous placer à côté du vieux commandeur, le plus ennuyeux des bavards de ce monde. --- Jeunes gens, nous dit-il, avez-vous été à la cour ? Vous ne me direz pas, vous autres, quelles gens le nouveau préſident des finances a pris pour ſe faire aider à remplir le tonneau des Danaïdes ? ſera-ce *Necker ?* oh non : il faudroit que nos grands fuſſent deux jours ſans dîner pour déſirer un réformateur à la tête des finances. Va-t-on du moins abolir cette armée de Turcarets qui coûtent vingt fois plus que les braves gens dont on veut rogner les penſions. Impôt unique, facile à lever ; dix pour cent du produit pour les frais de perception : le roi recevra cent millions de plus & le peuple payera cent millions de moins. Pour les moines, c'eſt affaire dite : on ſait comment l'archevêque de Toulouſe penſe à leur égard. -- M. le commandeur, reprit le vicomte, attendez donc qu'il ſoit cardinal ; mais permettez que nous remettions la politique à une autrefois ; nous voulions nous en tenir à la phyſique ce matin. Peſte ſoit des immenſes chapeaux ! les femmes devroient au moins porter leur viſage par derriere, afin de conſoler ceux que ce mur offuſque. --- Vicomte, c'eſt là ta mere & tes ſœurs..... --- Partons, chevalier, ſi elles m'apperçoivent, je ſuis pris pour tout le jour.

Il ſe fait tard, vicomte. -- Il n'eſt qu'une heure ; allons *prendre le midi* au Palais-Royal. --- Bon, as-tu oublié que le méridien a été détruit, ou autant vaut, il y a des ſiecles ? --- Là, il eſt toujours l'heure qu'on veut.

Nous y voilà ; une foule d'aimables nous aborde. Nous fîmes ſix tours. Que de jolies choſes un écrivain auroit recueillies dans notre converſation ! --- Meſſieurs, s'écria tout à coup le baron, croirez-vous qu'un journaliste vandale nous accuse de dire des riens? --- En tout cas ces riens valent mille fois sa pesante & insipide logique. --- Quoi de plus nul que ce fatras de préceptes rebattus, ce ramas de mots qu'on veut nous faire prendre pour de la morale & de la philosophie! --- Le meilleur alembic n'en tireroit pas une idée. --- Les grands & utiles écrits que vantent ces raisonsonneurs, sont le *caput mortuum* de ce que les anciens ont bien mieux dit. ---- Et nous, comme on ne peut pas toujours être neuf, nous en tirons la quintessence. --- Eh, bon dieu, une saillie, un mot qui nous met en gaieté; voilà le véritable instrument du bien: c'est le soutien des vertus sociales, la source des bonnes actions; & cette heureuse situation que procurent le plaisir & la gaieté, donne une énergie bien préférable à celle que l'on cherche dans le jus de la vigne. Qu'a-t-on appris, que sait-on, que sent-on quand on a médité ces froides & prolixes dissertations? --- Ce qui ennuie est toujours moins que *rien*. --- Oui, & profite-t-on de ce qui endort? ---- Sans doute, en cas d'insomnie.

Deux heures étant sonnées, on se sépara; je remontai à cheval pour aller m'habiller. Je voulois consulter le président D.... au sujet des vues que mon pere a sur moi. On peut voir ces gens de cabinet que comme N. S. sous les deux especes: je me proposois de demander à dîner à sa femme. Je le trouvai seul avec quelques confreres ; la présidente avoit ses vapeurs. ---- Président, vous voyez que je me range : je sacrifie le mardi de la comtesse D... pour venir m'instruire avec vous. --- Chevalier, il faut que l'instruction soit recouverte de fleurs, pour faire impression sur votre âge, & vous devez vous résoudre aujourd'hui à faire un dîner grave. Nous avons déja débuté par une matiere qui n'a rien de gai : c'est le jugement définitif de trois hommes condamnés à la roue, dont M. *Dupati* avoit pris la défense. L'arrêt du parlement a été confirmé & la peine de mort commuée en celle de galeres perpétuelles. Le public n'est pas content, parce que prévenu contre nous, il vouloit qu'ils fussent innocens. Il prétend que ce jugement implique contradiction. Si ces hommes sont coupables, dit on, ils devoient subir un juste supplice. Cela est constant, mais on ignore que le conseil étant censé présidé par le roi dont les pas doivent toujours être suivis de la clémence, il ne prononce jamais la peine de mort..... Tout le dîner fut sur ce ton ; on parla de la révolution de notre ministere, de la singuliere destinée de M. *de Fourqueux*, nommé contrôleur-général quand il ne s'en soucioit plus, après trente ans d'attente, & congédié au moment où il commençoit à s'y accoutumer. A peine est-il emmenagé à l'hôtel du contrôle, & il faut qu'il cede la place à M. *de Villedeuil*, maintenant directeur-général des finances..... Enfin je partis sans avoir dit un mot de mon affaire ; trop heureux de rentrer dans un atmosphere moins épais.

Je me secouai, comme un oiseau sortant du bain, qui cherche à recouvrer l'usage de ses plumes appesanties par l'eau dont elles sont pénétrées. Sentant le besoin d'aller puiser aux sources de la gaieté, je me fis conduire chez la petite B.... J'y retrouvai mes étourdis du matin ; on se disputoit un *brûlot* autour d'un tapis verd. Je perdis cent louis & je disparus.

Il étoit tems de faire la toilette du soir. La montre du *tems vrai* marquoit cinq heures, & celle du côté droit devenoit une mauvaise excuse. Il s'agissoit d'une premiere représentation aux Français, & je devois aller en grande loge avec l'exigeante comtesse *de Rimbeuil*. J'arrivai à tems & avec tout le brillant, toute l'élégance qui m'a donné quelque vogue. Nous décidâmes le sort de la nouvelle piece. Elle alla aux nues, & il fut convenu qu'elle méritoit son triomphe.

Dans mes tournées des entr'actes j'avois lié un partie de petits théâtres. Les petits spectacles & les lycées sont la manie de nos belles, & de fait, à cause de cela seul, je ne sais comment on peut exister hors de Paris. Nous allâmes successivement chez *Nicolet*, à l'*Ambigu* & aux *Variétés amusantes*. Quelles pieces on joua, c'est ce que j'ignore ; mais par-tout nous rîmes à étouffer. Aux *Variétés* nous trouvâmes le petit prince cochinchinois ; il rioit comme nous tous ; il ne comprenoit pas, nous n'écoutions pas ; la chance étoit la même pour lui & pour nous. --- Cette Altesse noire n'est elle pas du pays où les femmes ont tant de priviléges, demanda le vicomte ?--Tu veux parler de Ceylan où elles sont exemptes de tous droits, elles & ce qu'elles portent. Il seroit beau qu'un contrôleur général bien galant leur donnât la même prérogative. -- On n'aura garde, cela tireroit à conséquence. Les habitans de Ceylan ont tant de respect pour le sexe, qu'il s'étend à toutes les espèces d'animaux ; la loi dit formellement que *ce que porte une bête femelle ne paye rien.* -- Chevalier, cela ne prendra pas chez nous.

Il fallut quitter ma joyeuse compagnie. Le despotisme d'une invitation en regle m'appelloit chez la marquise. Ces invitations sont des especes de lettres de cachet auxquelles on se soumet en murmurant. Cette maison est devenue d'un triste, d'un maussade ! Autrefois on pouvoit s'y amuser de quelques ridicules ; depuis que la marquise s'est métamorphosée en bourgeoise, qu'elle s'est faite nourrice, on n'y parle plus que de *Rousseau*, de *Ballexerq*, &, le pis, c'est qu'on ne peut s'empêcher d'applaudir aux leçons de ces philosophes & au courage des meres qui s'y conforment. Je feignis de ne pouvoir souper, afin de voltiger autour de la table. L'air satisfait de la marquise, un doux enjouement qui régnoit autour d'elle, me toucherent, je l'avoue ; je fus tenté de regretter mes folies & d'envier le bonheur dont j'étois témoin. Chacun s'empressoit d'y concourir ; ces *riens* aimables qui ne sont sentis que par un esprit fin & délicat, firent naître une gaieté préférable peut-être à celle des gens qui ne paroissent avoir tant d'esprit que parce qu'ils se permettent de tout dire. On raconta un grand nombre de traits de bienfaisance. Le président nous montra la liste des soumissions déja faites pour la construction des nouvauex hospices ; elles formoient une somme de plus de deux millions qui s'accrut encore à notre souper. Il nous dit que la ville de Lyon ayant ouvert une souscription pour augmenter de 300 le nombre des lits de son hôpital, afin que chaque malade fût couché seul, en vingt-quatre heures on a rassemblé la somme nécessaire. La nouvelle d'une victoire ne peut causer plus de joie à un bon Français que ne nous en faisoit éprouver le récit de chaque triomphe remporté par l'humanité sur l'opulence. Nous en partagions tous la gloire.

Le souper finit à minuit. On se retira ; je n'eus pas le courage de rentrer chez moi. J'allai chez madame F.... On se mettoit à table. Je vis un spectacle bien différent de celui que je quittois. Après s'être entretenu du jeu de la soirée, de la piece nouvelle, des intrigues du jour, on s'anima : les propos ingénieux, les calembours, les épigrammes se croisoient sans cesse ; un bon mot en produisoit mille autres, se subdivisoit & se multiplioit avec une rapidité qui appartient à l'esprit national. C'est ainsi que le sarcasme n'offense personne: la pointe la plus aiguë ne peut bleſſer quand on ne l'appuie point ; les penſées heureuſes & ſolides ſont ſenties, comme le canon ſe fait entendre au milieu d'une bruyante mouſquéterie, mais on en ſaiſit trop vîte toutes les faces pour ſe ſoumettre à l'ennui de leur développement ; les inepties échappent comme un petit nuage au milieu d'un beau jour ; tout paſſe à la faveur de la légéreté, de la gaieté & du but qu'il s'agit d'atteindre : le plaiſir.

Je reſtai une partie de la nuit dans cette délicieuſe maiſon. Quelques jeunes gens voulurent l'achever au bal de Mlle C**. Je me laiſſai entraîner. Nous arrivâmes à propos pour relever les danſeurs que la fatigue & le jeu avoient diſperſés. La petite N. me tomba en partage ; ſon air de naïveté me ſéduiſit. Pourquoi déchirer le voile d'une illuſion flatteuſe, quand on ne deſtine pas à la réalité même de plus ſolides hommages !

Ainſi s'écoule notre jeuneſſe. C'eſt la chaleur brûlante du milieu d'un jour d'été qui prépare une belle ſoirée. Vous qui n'avez jamais reſſenti cette effervefcence qui a produit nos grands hommes ; cenſeurs froids & atrabilaires ; ces fleurs qui parent vos vergers au printems, flattent l'odorat & la vue : les retrancherez-vous parce qu'elles ne ſemblent produire aucun avantage plus ſolide ? Attendez l'automne pour en juger.

FIN.

www.ingramcontent.com/pod-product-compliance
Ingram Content Group UK Ltd.
Pitfield, Milton Keynes, MK11 3LW, UK
UKHW031848260826
14628UKWH00002B/653

9 782329 556987